新兴技术项目的
CTMS风险特征
及测度方法

XINXING JISHU XIANGMU DE
CTMS FENGXIAN TEZHENG JI CEDU FANGFA

孔建会　张凤英　周宗放　著

西南财经大学出版社

图书在版编目(CIP)数据

新兴技术项目的 CTMS 风险特征及测度方法/ 孔建会,张凤英,周宗放著. 一成都:西南财经大学出版社,2017. 6
ISBN 978 − 7 − 5504 − 2955 − 0

Ⅰ. ①新⋯ Ⅱ. ①孔⋯②张⋯③周⋯ Ⅲ. ①技术项目—风险评价 Ⅳ. ①F062. 4

中国版本图书馆 CIP 数据核字(2017)第 096680 号

新兴技术项目的 CTMS 风险特征及测度方法

孔建会 张凤英 周宗放 著

责任编辑:张明星
助理编辑:周晓琬
责任校对:唐一丹
封面设计:墨创文化
责任印制:封俊川

出版发行	西南财经大学出版社(四川省成都市光华村街 55 号)
网　　址	http://www. bookcj. com
电子邮件	bookcj@ foxmail. com
邮政编码	610074
电　　话	028 − 87353785　87352368
照　　排	四川胜翔数码印务设计有限公司
印　　刷	郫县犀浦印刷厂
成品尺寸	148mm × 210mm
印　　张	4. 875
字　　数	120 千字
版　　次	2017 年 12 月第 1 版
印　　次	2017 年 12 月第 1 次印刷
书　　号	ISBN 978 − 7 − 5504 − 2955 − 0
定　　价	35. 00 元

前　言

　　科学技术的发展日新月异，新兴技术层出不穷，全球科学技术已进入前所未有的、以创新为主导的时代。随着新兴学科的迅猛发展，网络技术、信息与电子技术、生物技术等已经将新兴学科和技术创新活动置于当今科技革命的最前沿。这些不断涌现的技术过去被学术界和业界笼统地称为"新技术"（New Technology），直到20世纪90年代中期，"新兴技术"（Emerging Technology，简称ET）作为一个明确的概念才在管理科学研究中被提出来。目前，新兴技术还没有统一和严格的定义，使用较为普遍的定义是"新兴技术是建立在科学基础上的革新，它们可能创造一个新行业或者改变某个老行业"①。

　　当前，全球范围的科技创新与变革方兴未艾，其发展步伐不断加快。从世界各国科技发展历程来看，新兴技术的发展带动了工业技术的革命，工业化反过来又促进了新兴技术的发展。自20世纪90年代以来，世界各国特别是发达国家都在大力加强新兴技术的研发，把发展新兴技术，作为争夺战略主动权的重

---

　　① 乔治·戴，保罗·休梅克. 沃顿论新兴技术管理［M］. 石莹，等，译. 北京：华夏出版社，2002.

要举措。目前，技术创新水平①已成为衡量各国科技现代化水平的重要标志之一。

基于中国的国情，本书对"新兴技术"的界定如下：应用现代科学技术的基本原理和方法所开发的全新技术或者对现有技术的功能、产品或服务进行创新或升级，并且具有技术创新特征的新技术。新兴技术项目（Emerging Technology Project，简称 ETP）是指依托新兴技术而展开科学研究的项目，包括项目的研发、项目产品生产、经营和市场销售等各个环节。新兴技术项目企业（Emerging Technology Project Enterprise，简称 ETPE）是新兴技术项目的载体，是指集新兴技术项目的研发、生产、经营和产品销售为一体的企业。这类企业主要依托某一个或几个新兴技术项目来开展研发、生产和经营活动。新兴技术项目在研发、产品生产和市场等各个环节均存在较大的不确定性，这种不确定性表明新兴技术项目较传统项目存在更大的风险。可以认为，风险是新兴技术项目的重要特征，是影响新兴技术项目成败的关键因素。"九五"以来，尽管国家不断加大科学技术的研发投入，然而，我国的新兴技术项目管理体系一直存在不适应新兴技术发展的研发和管理模式的问题，存在明显的计划经济痕迹，同时也存在技术基础能力和研发创新能力薄弱、产品不适应市场发展的需要、项目风险失控和收益水平不高等诸多亟待解决的问题。

本书所讨论的新兴技术项目主要指民用的新兴技术研发项目。由于新兴技术项目的成败在很大程度上直接依赖于项目的载体、技术、市场和服务，而覆盖载体、技术、市场和服务的风险主要是新兴技术项目的内生性风险，同时内生性风险也是项目执行者自身能够通过采取适当的措施加以控制和管理的风

---

① 技术创新的主要表现形式是新兴技术的水平，这与新兴技术项目的研发水平直接相关。

险，因此，本书认为内生性风险是测度新兴技术项目风险的重点。基于此，本书从新兴技术项目内生性风险的角度，提出了新兴技术项目面临的四类重要的风险特征，即信用风险（Credit Risk，简称 CR）特征、技术风险（Technical Risk，简称 TR）特征、市场风险（Market Risk，简称 MR）特征和技术服务风险（Technique Service Risk，简称 TSR）特征，因为技术服务风险重在服务，故本书统称该四类风险特征为新兴技术项目的 CTMS 风险特征。

本书称由该四类风险所张成的四维特征空间为新兴技术项目的 CTMS 风险特征空间，结合偏序空间结构理论，本书构建了新兴技术项目 CTMS 风险特征空间上的风险特征模型。进一步，针对新兴技术项目的 CTMS 风险特征，本书提出了相应的测度方法，由此构建了新兴技术项目的 CTMS 风险测度体系，同时给出了 CTMS 风险测度的流程和实施路径。本书所构建的新兴技术项目 CTMS 风险测度体系是测度新兴技术项目风险的重要内容。

企业信用风险反映了企业的履约风险和融资能力，新兴技术项目的信用风险来自于新兴技术项目的载体（即新兴技术项目企业）的信用风险。为了测度新兴技术项目的信用风险特征，本书采用改进的模糊 ISODATA 聚类算法（IF-ISODATA 聚类算法），给出测度新兴技术项目企业信用风险水平的架构；为了测度新兴技术项目的技术风险特征，本书采用熵值法对新兴技术项目的技术创新能力进行测评，以此刻画新兴技术项目所面临的技术风险特征；为了测度新兴技术项目的市场风险，本书采用模拟技术和交叉熵测度方法对新兴技术项目产品的市场扩散能力和集聚效应进行度量；针对新兴技术项目的技术服务风险特征（指新兴技术项目产品的售后技术服务能力），本书采用定量化和定性化相结合的方法，对新兴技术项目产品的技术服务代理商进行优选。

伴随着工业现代化与科技创新步伐的快速推进，中国新兴技术的发展正面临着新的机遇与挑战，本书的研究成果将对促进中国新兴技术的发展及新兴技术项目承担企业（以下简称新兴技术项目企业）的健康、有序发展有着积极而深远的理论和现实意义。

本书获得国家自然科学基金项目（70971015、71271043）的资助，可供从事新兴技术管理、项目风险评价的政府部门、金融机构、科研院所、高等学校以及相关企事业单位的教学、科研、技术和管理人员阅读。

除笔者外，课题组的张瑛博士、何应龙博士以及苏州汇誉通数据科技有限公司大数据事业部总监周一懋也对本书的问世提供了帮助与支持，在此一并表示感谢。

由于笔者学识和能力有限，疏漏之处在所难免，敬请读者斧正。

作者

2017 年 5 月

目　录

1 绪 论

1.1 背景与意义

新兴技术（Emerging Technology，简称 ET）是具有新技术特征，反映了科学技术领域中具有开拓性和实验性的创新技术，是引领社会经济发展和现代化建设的重要驱动力。自 20 世纪 90 年代以来，全球范围的技术创新和变革方兴未艾，世界各国特别是发达国家在加快经济发展步伐的同时，都加强了新兴技术设备和产品的研制，产品的新兴技术含量不断提高。就当前世界科技发展的格局来看，欧美发达国家之所以成为科技强国，抢占了科技发展的先机，其重要原因就是其技术创新能力和科技发展水平占有领先甚至几乎垄断的地位。因此，一些国家已把大力发展新兴技术，抢占技术优势，作为提升综合国力和争夺发展主动权的重要举措。新兴技术和技术设备的整体水平，已经成为各国现代化发展水平的重要体现。

新兴技术对于中国经济发展和现代化建设有着特殊的战略意义。自 20 世纪 90 年代以来，互联网、电子信息技术、纳米技术、生物技术等新兴技术代表了最先进的生产力，成为引领中国社会经济持续发展的重要驱动力。新兴技术产业的崛起正在成为我国科技和经济发展的新亮点，但其发展也面临着新的机遇与挑战。我国国民经济支柱之一的高科技产业，无疑肩负着大力发展新兴技术、促进我国科技现代化发展的历史使命①。当前，新兴技术不仅在经济建设和现代化发展中起到举足轻重的作用，在国防、核工业和航天航空等领域的应用也越来越广泛。如何适应世界科技发展和变革的趋势，实现现代化的跨越式发展是当前我国面临的重要问题。具体来讲，如何加强以新兴技术为核心技术的元器件研发、设计与系统仿真、系统集成、试验验证、考核评估等科研、生产系统和核心基础软件开发环境的建设？如何加强和引导科技自主创新能力？这些问题是实现我国科技现代化战略的基础。因此，实现"以新兴技术促进科技强国"的战略目标还任重道远。实施科技强国战略、提升综合国力的迫切要求是：大力发展新兴技术，提高我国新兴技术项目研发和科学管理水平，加快我国现代化发展的步伐。

当前，中国的产品市场具有制度文化方面的独特性，其规模效应、社会网络效应是一般国家难以企及的。一旦新兴技术与我国产品市场成功对接，将会在短时间内创造出规模巨大、利润可观的新兴技术项目产品的市场，为新兴技术项目企业②提供广阔的发展空间。

根据中国的国情，新兴技术项目是指依托新兴技术而展开的科技项目，包括研发、产品设计、生产、经营和市场销售等多个环节。新兴技术项目企业（ETPE）是指承担新兴技术项目的企业，其特征是将项目的研发、产品生产、经营和销售置为

---

① 新兴技术带动了工业现代化的发展，同时工业现代化又促进了新兴技术的发展，因此，提高新兴技术项目的研发和应用水平是我国实现工业现代化的重要战略举措。

② 新兴技术项目企业指承担新兴技术项目的研发任务，并将新兴技术项目进行商业化运作的企业。

一体，企业的经济活动主要依托某一个或几个新兴技术项目而开展。迄今为止，无论是从项目承担企业的研发能力、承担企业的履约及融资能力、项目产品的市场需求，还是从项目的评估方法来看，现行的科研项目评估体系几乎没有体现出新兴技术项目的风险特点，更缺乏系统、科学的新兴技术项目风险评估体系。因此，研究和制定新兴技术项目的风险测度体系和管控方法，对科技管理部门而言已迫在眉睫。值得一提的是，大型的新兴技术项目（含攻关项目）主要由国家财政全额投资或部分出资，通常属于国家或地方建设急需的新技术研制和生产的项目，并由有关部委或省市科技主管部门负责项目的立项、实施及验收等全过程管理①。在国家财政投入的新兴技术项目的管理过程中，目前依旧保留着非常浓厚的计划经济色彩，科技项目②评估的原则和依据主要是国家或地方科学技术的发展需要，项目评估的原则与依据很少考虑到项目在研发和实施过程中面临的风险。

本书是新兴技术项目风险管理领域的系列图书。本书从新兴技术项目面临的主要风险特征和测度方法着手展开了一系列的探讨，并且提出了一些新的观点和方法。本书对识别新兴技术项目的价值和风险，改善新兴技术项目的投融资环境，拓展新兴技术项目风险测度的方法体系，促进我国新兴技术产业的发展，均具有重要的学术价值与现实意义。

---

① 例如，2004年3月1日中国电子科技集团公司（CETC）挂牌成立，该集团公司成员单位所申报的新兴电子类技术项目均由国家相关部委负责立项、实施及验收。

② 以下所提及的科技项目均包括新兴技术项目。

1.2 拟探讨的问题

当前，我国的新兴技术，一些是由国内企业自主研发或者针对国内某些特殊市场需求而开发研制①，一些是从国外直接引进或者通过采用国外的先进技术进行加工或仿制，这些新兴技术很多未必是世界范围内最先进的，这就对我国新兴技术的研发提出了更高的要求。

本书研究的对象是新兴技术项目和新兴技术项目的载体，即承担新兴技术项目的企业（以下简称新兴技术项目企业），其中，新兴技术项目主要指由国家财政全额或部分投资，由国家相关部委或地方主管部门或科技部门负责项目实施和管理的民用自主创新类新兴技术项目，并且这类项目在我国具有可观的市场前景和商业价值。

由于新兴技术项目的技术特质和商业模式的特殊性，新兴技术项目产品市场存在较大的不确定性，同时申请或承担新兴技术项目的企事业单位众多，良莠不齐。因此，新兴技术项目在研发、实施、生产、市场和管理等各个环节和整个实施过程中均面临较大的风险，这些风险正是影响新兴技术项目成败的关键要素。目前，在中国科技项目的评审过程中，主要依靠专家的经验和定性分析，过多掺杂了专家的个人意见和领导的看法，导致最终的决策可能由领导"拍脑袋"决定。由此可见，新兴技术项目的风险管控问题已成为当前中国高新科技产业发展中面临的突出问题。迄今为止，相关科技管理部门还没有对

---

① 国内企业自主研发的新兴技术项目在研发和商业化过程中存在较大的不确定性。

一般科技项目与新兴技术项目进行区分，更没有针对新兴技术项目的风险特征，形成一套科学的风险测度方法①。

面对新兴技术项目风险的复杂性，如何识别新兴技术项目的风险？新兴技术项目有哪些重要的风险特征？如何设计科学合理的新兴技术项目风险测度方法，并在此基础上实现对新兴技术项目风险的有效评估，进而拓展新兴技术项目风险测度的方法体系？这些问题正是本书的研究初衷和目的。

本书拟围绕上述问题展开讨论，由此构成本书的主要研究内容和结构。需要指出的是，新兴技术项目通常缺乏历史资料数据，其面对的技术风险和市场风险均难以准确预测。如果采用常规的方法对新兴技术项目的风险进行评估，则难以得到符合现实情况的评估结果。基于此，本书将针对新兴技术项目的风险特征设计相应的风险测度方法，进而拓展新兴技术项目风险测度的方法体系。

1.3　本书概要

本书包括以下八章的内容。

第一章，绪论。该章介绍了本书选题的背景、意义和主要内容，并对讨论的对象予以界定。

第二章，相关概念解析与文献综述。该章主要针对本书所涉及的一些基本概念进行介绍和解释，并对相关研究文献进行综述。

第三章，新兴技术项目的风险要素与特征。由于新兴技术

---

① 目前在科学技术类项目的风险管理中，没有制订针对新兴技术项目的风险管理措施。

项目的总体风险在很大程度上依赖于技术、市场和服务,因此,该章在分析新兴技术项目风险要素的基础上,从涵盖技术、市场和服务的内生性风险视角,对新兴技术项目的四类主要风险特征(即信用风险特征、技术风险特征、市场风险特征以及技术服务风险特征)进行了刻画和分析,并借助偏序空间结构理论,构建了新兴技术项目的风险特征空间,进而提出新兴技术项目的风险特征模型。以下各章将分别针对上述四类风险特征提出相应的测度方法,进而构建新兴技术项目的风险测度体系。

第四章,新兴技术项目信用风险的测度方法。由于新兴技术项目承担企业的履约和融资能力是新兴技术项目信用风险水平的直接体现,因此,新兴技术项目企业的信用风险水平不仅会影响新兴技术项目的执行效果和可持续性,而且具有一票否决的特性。该章采用粗糙集和改进模糊 IF-ISODATA 的集成算法,形成了测度新兴技术项目承担企业(简称新兴技术项目企业)信用风险的一类有效方法。

第五章,新兴技术项目技术风险的测度方法。由于新兴技术项目的核心竞争力体现在项目的技术创新水平上,因此,新兴技术项目的技术创新能力不仅可以刻画新兴技术项目的技术风险,而且具有可操作性。该章采用熵值法对新兴技术项目的技术创新能力进行测评,由此刻画新兴技术项目的技术风险。

第六章,新兴技术项目市场风险的测度方法。由于新兴技术项目产品的市场扩散和集聚效应是新兴技术项目产品市场兴衰的标识,因此,可以通过对新兴技术项目产品的市场扩散和集聚效应的度量来测度新兴技术项目面临的市场风险。该章采用结合模拟技术和交叉熵测度技术对新兴技术项目产品的市场扩散能力和集聚效应进行度量,由此提出了测度新兴技术项目市场风险的一类可视化方法。

第七章,新兴技术项目技术服务风险的测度方法。由于技术服务代理商机制是新兴技术项目商业化运作过程中的一个重要环节，技术服务代理商的质量将影响到新兴技术项目商业化运作的成败，因此，可以用技术服务代理商的质量水平来刻画新兴技术项目技术服务风险的大小。基于此，该章针对新兴技术项目的技术服务代理商的优选问题展开讨论，结合定量化和定性化的评价结果，提出了技术服务代理商的一类评价和优选方法。

第八章，风险测度方法的综合应用规则。该章基于新兴技术项目风险特征空间的偏序结构，提出新兴技术项目风险测度方法的应用规则。

第九章，总结。第四、五、六、七章分别针对新兴技术项目的四类风险特征提出了相应的风险测度方法，由此拓展了新兴技术项目风险测度的方法体系。该章对本书的主要成果进行了梳理、总结和引申，同时指出了本书的不足之处。

本书的技术路线如图1-1所示。

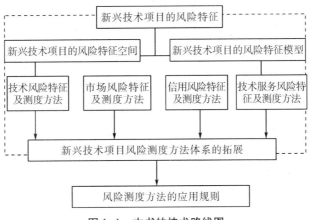

图1-1　本书的技术路线图

1.4　主要贡献

本书的主要贡献归纳如下：

第一，根据我国新兴技术项目的特点，本书从涵盖技术、市场和服务的内生性风险视角，提出了新兴技术项目的四类风险特征，并结合偏序空间结构理论，构建了新兴技术项目的风险特征空间和风险特征模型。

第二，为了测度新兴技术项目的信用风险，本书基于模糊集和模糊聚类的集成算法，提出了测度新兴技术项目承担企业信用风险的一类方法。

第三，为了测度新兴技术项目的技术风险，本书运用粗糙集属性约简方法，构建了新兴技术项目技术创新能力评价指标体系，并运用熵值法对 C 市新兴技术项目的技术创新能力进行实证测评，对新兴技术项目的技术风险进行刻画。

第四，为了测度新兴技术项目的市场风险，本书结合嵌入小世界网络的元胞自动机模型和交叉熵测度技术，模拟新兴技术项目产品的市场扩散能力和集聚效应，最终提出了测度新兴技术项目市场风险的一种可视化方法。

第五，为了测度新兴技术项目的技术服务风险，本书采用模糊综合评价和模糊多属性决策方法，对技术服务代理商分别进行定量化和定性化评价，并结合定量化和定性化的评价结果，提出了评价技术服务代理商质量的一种综合方法。

2　相关概念解析及文献综述

2.1　相关概念

2.1.1　风险与风险测度

（1）风险的定义

风险的一般定义是某个事件或行为的不确定结果，这些事件或行为有可能影响人类的价值（Kates，1985）。

根据风险事件的成因，任一运营系统的风险又可以定义为系统受到的威胁、系统的弱点（或缺陷）和对系统造成的影响这三个要素发生的机会。

①系统受到的威胁，即危险事件或行为对系统造成的威胁。威胁通常来自于系统的外部。

②系统的弱点（或缺陷）一般存在于系统的内部，由于系统的弱点（或缺陷），系统的某些部位可能受到外部危险事件或行为的威胁。一个存在弱点（或缺陷）的系统，因为不能抵御威胁即会对系统造成负面的影响。因此，系统弱点（或缺陷）是引发风险事件的主要要素，也是评估风险事件发生概率的关键要素。

③对系统的影响。当威胁触发到内部弱点（或缺陷）时，

系统必然会受到不同程度的短期或长期的负面影响。

没有预测到的威胁与系统弱点（或缺陷）相遇时，系统将受到负面的影响，风险事件即发生。换言之，一个存在弱点（或缺陷）的系统（如建筑的结构、项目计划的缺陷，等等）可能很长一段时间都运行正常，直到威胁出现并触发这些弱点（或缺陷）时，风险事件就会发生，因此，风险事件的发生一般很难预测。对一个存在弱点（或缺陷）的系统而言，弱点（或缺陷）越严重，风险事件发生的概率越大，受到的负面影响也会越大。

（2）风险的测度

一般而言，一个系统面临的风险事件通常涉及三个方面：

①系统受到的外部威胁和内部弱点（或缺陷）导致风险事件发生的不确定性。

②风险事件潜在的影响和严重程度。

③风险事件的应对措施。

风险事件对系统的影响有大有小，有些风险事件可能使整个系统置于严重危险中（如火灾、项目研发失败、项目资金链断裂，等等）；有些则不重要，这类风险事件通常对系统的正常运行影响不大，可以忽略或者可以通过适当的应对措施来规避，这主要通过对风险的识别和测度来判断。

根据世界经济合作与发展组织（OECD，2003）的定义，风险测度是度量风险事件发生的可能性以及其对人类生命、社会、经济、自然环境等可能带来损失的大小以及与可持续发展的关系（又称延迟效应）。风险测度包括风险事件的识别（获取有关风险信息并加以处置）、对风险事件发生概率和影响的评估，以及对风险事件的可容忍度或可接受性的判断。由于风险事件与测度者的风险感知直接相关，因此，风险被认为是一种心理构架，其可解释性依赖于对它的预测、评估以及现实的结果。

与许多科学的构架不相同，确认风险测度的结果一般比较困难。例如，如果预测到的风险事件发生频繁且原因明显（如车祸事件、逻辑推理错误、项目计划和管理混乱、项目承担企业破产，等等），确认结果相对简单直接。但对于一些发生数量少且因果关系不明的风险事件，短期内通常难以确认风险测度的结果（如冰冻事件、由不明原因造成的技术瓶颈而导致的项目延期、多种相互渗透的技术结构所造成的新技术研发风险，等等）。

（3）风险测度面临的三大挑战

目前，风险测度面临着三大挑战：风险事件的复杂性、不确定性和模糊性。

①风险事件的复杂性指多种可能的风险诱因与观测到的结果之间因果关系的识别和定量描述的困难性。这种困难的本质可能牵涉多种风险诱因之间的相互影响、原因与结果之间的时间滞后、干扰变量和其他方面的变化，等等。例如，前面所述的由不明原因造成的技术瓶颈而导致的项目延期风险、多种相互渗透的技术结构风险以及关键负载对项目研发造成的风险、复杂的化学物合成风险、潜在有毒物质的扩散效应，等等。这些都是高复杂性风险的案例，需要根据风险的测度结果对其复杂性程度以及如何处置进行判断。

②与复杂性不同，不确定性源于一些必然或偶然因素对风险事件的影响，也包括在因果关系的模拟中，测度者对复杂性掌握得不全面或不合适，从而降低或增加了测度的结果。因此，除客观因素外，风险测度结果的不确定性很大一部分源于人类知识的不完全或对测度方法的不恰当选择，以及某些不确定的假设。由于对风险事件概率分布的模拟主要来自于历史经验，因此，风险评估通常仅仅是借助经验系统来理解和预测风险事件的不确定性。目前，还没有识别风险事件不确定性的最好方

法。下面给出风险事件出现不确定性的关键因素：

（a）目标的可变性；

（b）推断或模拟中的错误及随机误差（如从动物到人类、从小数量到大数量的外推、从研发实验到大规模的生产、统计过程出现的错误及误差，等等）；

（c）不明的随机效应（在风险事件的诱因中，存在无法解释的随机效应）；

（d）模型界限（由于风险事件认知上的困难，建模时一些模拟变量或参数设置受到限制）；

（e）无知或无认知（不确定性主要来源于人类知识的缺乏）。

前面两点表明风险事件具有可识别的不确定性，可以通过增强现有的模拟工具来降低不确定性；后面三点包括真实存在但是不可识别的不确定性，应用科学方法可以在一定程度上进行描述，但不能完全解决。如果不可识别的不确定性扮演主要角色，则风险测度的结果将变得模糊，测度结果的可靠性也会受到怀疑，此时，必须增加额外的信息。

不可识别的不确定性案例很多，包括地震、海啸、暴力或恐怖事件、技术瓶颈对项目研发进度的影响、多种相互渗透的技术结构对新技术研发的影响、企业的负债水平对项目成败的影响、大金融机构突然倒闭对金融系统的影响、向自然环境中引入转基因物种的长期影响，等等。

③不确定性源于决策缺乏完善的科学技术方法，而模糊性源于分歧或相互竞争的观点，这些观点是对风险事件产生的原因、影响以及严重程度的不同看法。模糊性依赖对价值观、优先权、假设条件与应用范围等界限的不同认识。例如，当人类大脑神经细胞活动暴露于电磁辐射中会加强，这是一种不利影响还是有利影响，或者与人类健康没有关系，仅仅体现了一种

身体的反映?

在风险测度中，模糊性指对可接受的风险评估结果的多种合理解释。在风险评估领域，一些科学争论并不是在方法论、测量技术或模型构建方面，而是在模糊性的解释方面。模糊性可分为可解释的模糊性（指对同一个评估结果可以有的不同解释，包括对评估结果所反映出的不利和有利影响的解释，例如，人民币升值的解释、企业多元化经营的解释、新产品或新技术进入市场时机的解释、"以毒攻毒"问题的解释，等等）和标准化的模糊性（指对风险可承受标准的不同认识，例如，生活质量参数、项目收益和风险的分布、道德规范，等等）。一些简单、高可能性的风险有时也会引起争论，产生可解释的模糊性，如低辐射、含有低浓度有毒物质的药品或食品、利率或汇率调整等金融政策的制定、新技术的研制标准、新技术的扩散边界、多种技术的融合，等等。模糊性的可解释程度与测度者对风险的感知有关，如被动吸烟、核能应用、转基因食品的推广、项目研制目标的设定、项目的融资方式和债务结构、项目的投资收益，等等。

（4）风险测度的三种潜在结果

风险测度者通过收集到的相关信息，对风险事件进行预测和经济影响评估，同时对风险源进行科学描述，在此基础上，进行风险测度并对测度结果进行选择。通常有三种潜在的测度结果①：

①不可容忍的风险：对于此类风险事件，必须通过清除或替代的方式消灭风险源（例如，存在某些缺陷的技术、项目计划存在漏洞、存在潜在危险的化学药品等），如果无法消除（如

---

① 评估结果通常涉及风险相关者的利益，评估者需要有一定的权威性或者通过第三方评估机构进行。

自然灾害、关键技术存在缺陷或由于项目计划的失误使项目无法继续进行，等等），则需要通过努力降低其攻击性或缩小被攻击面。

②可容忍的风险：对于此类风险事件，需要降低风险事件的影响，并把风险影响控制在一个合理的范围内（最优风险控制策略）。如果风险源来自企业的内部，则风险控制可以由企业或项目的风险管理部门来实现；如果风险源来自企业的外部，则需要公共部门（政府相关部门）的参与来实现。

③可接受的风险：此类风险事件意味着影响面很小，通常可以忽略，或者可以在自愿的基础上，通过分散化、套期保值、保险或者适当调整项目的计划或人员等方法来进一步降低风险的影响（即将损失控制在可接受的范围）。

对于上述潜在的测度结果，如果所有的利益相关者意见一致，则测度结果被确定；如果存在众多矛盾的意见，则需要测度者履行其权威性。值得一提的是，矛盾的程度是促使选择合适风险管理工具的动力之一。就风险管理而言，可容忍风险的容忍度通常是争论焦点，对于这类存在争议的风险，风险管理者应该尽可能选择预防的措施而不是冒险的行动。对于可容忍风险，风险管理者应该设计并实施一些措施，使其随时间变为可接受风险；而不可容忍的风险则是无论风险管理者采取何种措施，都不能使其变为可接受的风险。

（5）风险的接受性原则

人们总是希望风险是可接受的，但哪些风险是可接受的呢？以下根据风险的类别，提出风险的可接受性原则。一般可以将风险事件分为三大类：

①一定不可接受的高风险（如前面的不可容忍的风险）。

②可接受的低风险。

③可容忍的风险（介于以上两者之间的风险，考虑时必须

权衡风险与效益）。

一般采用不封口的倒三角形来形象地描述风险容忍度，其中如图形的宽度表示风险的影响程度（如图 2-1 所示）。

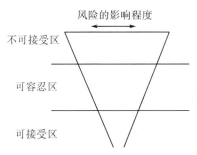

图 2-1　风险容忍度的图形描述

如果风险不符合预先确定的可接受标准，则必须采取必要的措施，尝试将该风险降低至可接受水平。如果风险不能降低至可接受水平，但同时满足以下三个条件，则该风险亦可认为是可容忍的，该三个条件是：

①风险低于预先确定的不可接受的极限。

②风险水平"确实可能低"①。

③所带来的效益足以证明值得接受该风险。

值得一提的是，当"接受"或"容忍"某风险时，并不表明该风险已经被排除，一定程度的风险依然存在，但是经过风险管理后的风险影响程度已足够低，接受该风险得大于失。

（6）风险管理

风险管理是基于风险测度的结果制定风险管理的目标，并设计和贯彻必需的行动和风险处理措施，以规避、降低、转移

---

① 风险水平"确实可能低"，意味着采取任何进一步降低风险的措施或者不可行，或者得不偿失。

或抑制风险。风险管理通常包括以下六个步骤：

①通过风险测度阶段收集风险信息。

②根据风险测度的结果，判断风险的可接受性或可容忍性。

③在确定的范围内选择风险管理的措施或方法，选择的原则包括：有效性、高效率、影响最小化、可持续性等。

④根据相对重要性对所选择的风险管理措施进行综合评估。

⑤ 对所选择的风险管理措施进行取舍，做出最后选择。

⑥执行定期监测的制度。

2.1.2　新兴技术的概念及主要特征

（1）新兴技术的概念

科学技术发展日新月异，新兴技术层出不穷，全球科学技术已进入前所未有的、以创新为主导的时代。随着新兴学科的迅猛发展，新兴技术将新兴学科和技术创新活动置于当今科技革命的最前沿。这些不断涌现的技术过去被学术界和业界笼统地称之为新技术，直到 20 世纪 90 年代中期，新兴技术作为一个明确的概念在管理科学研究中才被提出来。1994 年美国沃顿商学院成立的新兴技术研究小组主要研究了管理者如何理解、评价新兴技术和市场；如何形成战略，做出决策并改变其组织结构以适应对新兴技术的管理。关于新兴技术的范畴，乔治·戴等在其著作中提出，新兴技术不仅包括产生于根本性创新的间断性技术，例如生物制药、数字成像、高温超导体、微型机器人和笔记本电脑等，还包括通过集成多个过去独立的研究成果而更具创新意义的技术，例如核磁共振成像、传真、电子金融和互联网等技术。

综上所述，新兴技术可以简单地理解为刚刚出现，并正在发展和扩散的技术。目前，新兴技术还没有统一和严格的定义，使用较为普遍的定义是"新兴技术是建立在科学基础上的革新，它们可能创造一个新行业或者改变某个老行业"。新兴技术的特征主要体现在以下两个方面：

①技术的不确定性，比如新兴技术能否研发成功和研发成功的时间是不确定的，技术的商业化能否成功也是不确定的。

②新兴技术产品市场的不确定性，比如新兴技术产品是否能够满足市场的需求以及市场规模大小都是不确定的。

Paul J. H. Schoemaker 认为，在技术、产品结构、客户和市场等方面，老技术相对较清晰，而新兴技术则相对更模糊。新兴技术与老技术的特征比较见表 2-1。

表 2-1　　　　　　　新兴技术和老技术的比较

技术 \ 项目	老技术	新兴技术
科学基础以及应用	已建立	不确定
体系结构或标准	在变革	新出现
功能或利益	在变革	模糊
产品结构	明确	不成熟
供货者、渠道的价值网络	已建立	正在形成
规则/标准	已建立	正在形成
市场/客户	基本明确	不明确
利用模式/行为	明确	正在形成
市场	明确	具有投机性
行业	传统行业	新兴行业
市场结构	已建立	初级状态
竞争者	已知	新加入
竞赛规则	已知	新出现

国外对新兴技术产品的研究，可以追溯到 1968 年 Frank M. Bass 构建的新产品市场扩散模型。该模型认为新产品的扩散主

要受初始革新者和前一段时间购买者的影响，由此建立了包括初始购买的概率参数、前一段时间购买对后一段时间购买的影响参数、市场规模三参数的新产品扩散微分方程，该方程的解即是扩散量。

根据中国的国情，本书所指的新兴技术是指应用现代科学技术的基本原理和方法开发出的全新技术，或者对现有技术的功能、产品或服务进行创新或升级，并且具有技术创新特征的新技术，其内涵是技术创新。

（2）新兴技术的特征

目前，我国新兴技术主要集中在 IT 技术、纳米技术、生物技术、制药技术、新材料、新能源等众多领域，涉及 IT、航空航天、能源、医药、农业、交通运输、文化传媒、金融、环保等众多行业。新兴技术行业具有强烈的时代特征、市场特征、增长特征和技术特征。

时代特征指新兴技术行业不仅集中在与人类生活密切相关的科技领域，而且新兴技术的知识体系、研发与组织结构、投融资管理、生产运作、经营模式和产品应用领域等都处于时代的前沿。

市场特征指新兴技术有别于一般技术的市场进入模式，不会待产品研发成功后才进入市场化阶段，而是从研发初期或中期，新兴技术产品已悄然进入了市场化运作的轨道，因此，新兴技术产品是全程的市场化进入模式，表现为滞后盈利和集群式快速扩张。

增长特征指随着新兴技术对传统技术行业的不断渗透、改造，新兴技术行业正在成为新的经济增长点。无论从发达国家或地区还是从我国或地区的经济发展经验来看，新兴技术行业不仅是一个国家或地区经济发展和市场发展的重要驱动力，而且是促进全社会各行各业技术进步的重要推动力。

技术特征是指新兴技术具有的创新性和技术边际模糊的效应，因此，新兴技术的潜在技术价值可以用技术创新能力来衡量。

2.1.3 新兴技术项目的概念及主要特征

（1）新兴技术项目的概念

新兴技术项目是指依托新兴技术而展开的科技项目，包括项目的研发、项目产品的设计、生产、经营和市场销售等多个环节。新兴技术项目企业是指承担新兴技术项目的企业，其内涵是将项目的研发及项目产品的生产、经营和销售置为一体，这类企业的活动主要依托某一个或几个新兴技术项目而开展。

值得一提的是，近年来，我国不断地加大技术创新的力度，特别是在以新兴技术推动产业的结构升级，实现工业现代化建设的跨越式发展基础及核心能力建设方面已有了显著的提升。然而，我国目前的科技项目创新管理体系存在着技术基础能力和创新能力较薄弱、项目产品不适应社会经济发展和市场发展的需要、项目风险难以管控、项目投资收益不高等诸多亟待解决的问题。

（2）新兴技术项目的主要特征

我国新兴技术项目的特征主要包括以下方面：

①新兴技术项目的研发创新是围绕新兴技术展开的，并融合了新兴技术和传统技术与服务的功能，项目的关键技术一般属于 IT 技术、纳米技术、生物技术、新材料、新能源等新兴技术领域。

②新兴技术项目形成的产品（简称新兴技术项目产品）是具有创新性和独特性的产品或服务，项目实施成功后，承担企业或单位的规模和项目产品的市场需求通常以几何倍数增长，可能改变原有的产业结构，导致产业链的模式发生裂变，产业

边界更加模糊。

③新兴技术项目的资金需求一般较大，新兴技术项目虽然受到各类金融机构和投资者的青睐，但由于其存在较大的风险，融资环境受到约束。目前，大型的新兴技术项目主要还是由政府财政投入。

④新兴技术项目研发成功并推向市场后，需要良好的技术服务体系来支撑。

2. 1. 4　新兴技术项目的风险

以上特征决定了新兴技术项目具有高收益性和高度不确定性。一方面，这种高度不确定性反映了新兴技术项目本身存在的高风险；另一方面，新兴技术项目的承担企业在项目的研发和经营等诸多环节同样存在着较大风险。因此，新兴技术项目的成功与否，不仅与项目本身的研发风险有关，而且与新兴技术项目企业的经营风险密切相关。虽然一些金融机构和投资者基于对利润的追求，愿意进入该行业并承担相应的投资风险①，但大型的新兴技术项目目前还是主要依靠政府财政资金的支持。

新兴技术项目的风险大体可以划分为两大类（如表2-2所示）：内生性风险（或称非系统性风险）和外生性风险（或称系统性风险），在此基础上又衍生出"拟外生性风险"和"拟内生性风险"。相对而言，内生性风险更加直接地影响新兴技术项目的成败，是项目执行者自身可以控制和管理的风险；外生性风险是指与外部客观条件有关，大多是间接地影响新兴技术项目成败的风险，并且超出了项目执行者自身可以控制的范围。

---

① 这类投资风险是金融机构和投资者可承受的投资风险。

表 2-2 新兴技术项目的风险类别

内生性风险	外生性风险
管理决策风险	宏观经济环境
信用风险	市场环境
技术风险	政治生态和法制环境
市场风险	人文和社会环境
技术服务风险	政策和资源环境

（1）新兴技术项目的内生性风险

从表 2-2 可知，新兴技术项目的内生性风险主要覆盖了项目的载体、技术、市场和技术服务等方面的风险，因此，可以视为非系统性风险。例如，新兴技术项目执行过程中的履约与融资能力（信用风险）、项目研发与技术创新风险（技术风险）、项目产品的市场定位和市场营销（市场风险的一部分，是导致市场风险的内生性因素）、项目产品推向市场后的技术服务能力（技术服务风险），以及贯穿于上述风险之中的管理决策风险。因此，承担新兴技术项目的企业不仅应该具有相当的科研、经济实力和相应的信用风险控制能力，而且其内部管理应该符合新兴技术项目的研发和实施的管理要求，同时，项目执行者应该具有承担新兴技术项目的能力。关于信用风险、技术风险、市场风险和技术服务风险，本书在后面都有较详细的叙述，此处不再赘述。管理决策风险通常来自以下两方面：

①选择什么项目和产品。项目和产品的选择不仅涉及新兴技术项目企业的发展定位，也与新兴技术项目的技术风险和市场风险密切相关。例如，在互联网行业，瀛海威公司当初选择做互联网服务提供商（Internet Service Provider，简称 ISP）实属受技术和市场的限制。也许在当时的互联网行业中只有 ISP 可以做，但凭借瀛海威公司的实力当初该不该做 ISP？这个问题到

今天，依然值得商讨，尽管借瀛海威公司为互联网在中国的普及和发展做出了贡献。1997年8月，与当时的网易、四通利方论坛（新浪的前身）等从事BBS、电子邮件等业务的产品选择不同，瀛海威公司提出从中国百姓网向金融服务方向转型的决策。后来的事实也证明，网易、新浪等通过BBS、电子邮件等手段聚集大量客户资源的决策是正确的。换言之，如果选对了项目和产品，企业所面临的技术风险和市场风险都会大大降低。

②项目执行者面临诸多的不确定性和复杂性。新兴技术项目研发过程是否顺利？能否达到预期的研发目标？项目产品的市场在哪儿？如何塑造项目产品的市场竞争力？等等。这些问题都存在很大的不确定性和复杂性，或者说新兴技术项目执行者是在"摸着石头过河"，因为前人没有做过。此时，团结、高效的项目团队和管理理念对新兴技术项目的成功至关重要。科学的管理决策能够提升新兴技术项目执行者面对复杂环境的应对能力、减少决策风险发生的概率，进而规避或降低新兴技术项目失败的可能性。

（2）新兴技术项目的外生性风险

新兴技术项目的外生性风险是导致新兴技术项目风险的外生性影响因素，主要来自系统性风险。相对内生性风险而言，外生性风险对新兴技术项目的影响是间接的，而且大多超出了项目执行者可以控制的范围。主要包括：

①宏观经济环境。它是指宏观经济运行的周期性波动等规律性因素和政府实施的经济政策等政策性因素。

②市场环境。它主要包括新兴技术项目产品的市场需求、进入壁垒、市场竞争性等要素。

③政治生态和法治环境。政治生态环境是相对自然生态和经济秩序而言的一种社会政治状态，反映整个社会政治发展的稳定性；法治环境是指依法律主治而依法形成的社会环境，也

包括保护知识产权的法律措施。

④人文和社会环境。它主要包括承担新兴技术项目的企业与供应商、销售商、金融界、潜在使用者以及政府的关系，等等。

⑤政策和资源环境。它主要指在一定的时空范围内，可供新兴技术项目承担企业利用的各种物质、能源、人力和政策等资源，包括对基础设施、政策、材料、技术、人力等资源的掌控和使用，也包括该新兴技术项目是否属于政府支持的领域。

（3）拟外生性风险和拟内生性风险

当然，上述两类风险的划分是相对的而不是绝对的。例如，如果新兴技术项目的风险既与内生性风险有关，又与外生性风险有关，而且外生性风险占主导地位，则称这类风险为拟外生性风险，项目执行者只能控制其中内生性风险部分。例如，市场风险就具有典型的拟外生性风险的特征。事实上，虽然市场风险与管理决策、市场营销、技术创新以及技术服务能力等都存在关联，但市场风险的主要部分还是来自于外部环境的波动。项目执行者通过采取相应的措施，可以规避或降低市场风险中的内生性风险部分。反之，如果内生性风险占主导地位，则称这类风险为拟内生性风险，项目执行者可以通过采取相应的措施控制其中大部分的风险。例如，技术风险虽然与外部环境和知识产权保护等有关，但主要还是来自项目自身的技术创新能力。

（4）本书对新兴技术项目风险的界定

如上所述，新兴技术项目涉及的风险要素众多，特别是外生性风险非常复杂，项目执行者通常无法控制和管理，因此，本书讨论范围仅限项目执行者可控的内生性风险。这些风险与项目载体、技术、市场和服务直接相关，且项目执行者可以通过适当措施进行控制和管理，主要包括技术风险、市场风险、信用风险和技术服务风险四类。由于这些风险可能直接影响到新兴技术项目的成败，因此，本书刻画了新兴技术项目的主要风险特征。

上述四类风险的重要性具有一定差异。信用风险因为具有一票否决性，因此，信用风险是新兴技术项目企业必须规避的风险。技术风险是新兴技术项目面临的关键性风险。市场风险不仅依赖外部市场环境以及内部的产品定位和营销手段等，而且与技术风险也有关。由于市场风险是拟外生性风险，不仅涉及内生性风险，而且还涉及部分外生性风险，因此，市场风险是新兴技术项目管理者面临的重要风险。技术服务风险可以采取有效措施加以规避，因此，技术服务风险是新兴技术项目面临的次要风险。

2.1.5 服务代理的概念

（1）服务代理的组织形式

服务代理制是产品售后服务的一种组织形式，它是指厂商（委托人）委托独立的第三方企业（服务代理商）履行厂商售后服务职责的一种制度安排。代理关系一般是一种长期稳定的合同关系，服务代理商与厂商签订合同，在指定的区域代理厂商的售后服务，不得对与其所代理的服务产品有竞争关系的其他产品进行销售或服务，也无权独立制定服务的政策（如产品与服务的价格、折扣等），也不拥有所服务产品的所有权。服务代理商一般由生产厂商（委托人）按服务利润额的百分比支付佣金来运作和获取利润。

（2）服务代理的常见类型

产品服务代理有多种类型，常见的有：

第一，根据服务代理权限的大小，可分为独家服务代理、一般服务代理和服务总代理。其中，独家服务代理指在约定地区和一定时期内，享有某些指定产品或设备的售后服务专营权。在协议有效期内，厂商的售后服务在该地区只能通过该"独家代理商"提供，该类服务代理商一般具有维护这些指定产品或设备的较强技术实力。一般服务代理指在约定地区和一定时期内，不享有对某些指定产品或设备售后服务的专营权，这类服务代理商的经济实力、技术力量和行业影响力均一般。委托人可以在同一市场上同时建立多家一般服务代理关系，也可超越一般服务代理人直接进行售后服务。服务总代理是委托人在指定地区的全权代表，不仅享有指定产品或设备的售后服务专营权，还可以代理委托人从事签约续约、维修维护、备品备件采购等商务活动，而且还有权代表委托人从事一些非商业活动，该类服务代理商一般是具有较强的经济实力、技术力量和行业影响力。

第二，根据服务代理的对象不同，可分为产品或设备的维修维护代理、产品或设备的销售代理和备品备件的采购代理等。其中，产品或设备的维修维护代理指专门对某些产品、设备或互补产品、设备的维修维护代理。代理商可以是单个生产厂商的某一种产品或设备的服务代理商，也可以是同时代理两个或若干个生产厂商同类产品或设备的服务代理商，如汽车、家用电器、电脑、玩具等生产厂商的服务代理商。该类服务代理商通常是某方面的技术专家，不仅了解产品或设备的生产流程和产品或设备的特点，而且在该产品领域具有专门、娴熟的技术和行业影响力。产品或设备的销售代理指代理人根据合同销售某一生产厂商的所有产品或设备，同时提供产品或设备的售后服务。销售代理常常起到生产厂商销售部门和售后服务部门的补充作用，因此对产品或设备、备品备件的价格以及交易条件等都有一定的影响。

第三，根据服务代理商的代理范围，可分为指定区域的服务代理和跨区域的服务代理。其中，指定区域的服务代理商通常是指一般服务代理商，负责指定区域内产品或设备的售后服务，不能对指定区域以外的产品或设备进行售后服务活动。这类服务代理商一般是经济实力、技术力量和行业影响力均一般的第三方厂商。跨区域的服务代理指服务代理商可以跨区域对厂商的产品进行售后服务活动。该类服务代理商一般是具有较强经济实力、技术力量和行业影响力的第三方厂商，是对指定区域售后服务代理的补充。

2.2　相关文献综述

2.2.1　项目风险评估方法的相关研究

（1）国外相关研究

新兴技术项目大多具有风险项目的特征，风险项目投资评估方面较经典的一些研究成果包括：Tyebjee et al.（1984）对美国的风险投资项目的评估方法进行了研究，从项目产品的独特性、市场吸引力、管理能力、变现能力以及环境适应能力五方面构建了风险项目的基本评估指标体系。Macmillam et al.（1985）通过问卷或电话调查方式就一般风险项目涉及的风险类别进行了研究，提出风险项目存在的六类常见风险[①]。Robert（1991）认为，评价指标和评价方法的正确选择与风险项目的成功概率相关，同时还认为，评价指标除技术和风险指标外，还应包括战略吻合度与市场竞争等指标。Fried et al.（1994）从多个维度得出了包含 15 个指标的风险项目评估指标体系。

［①］　包括竞争性风险、融资风险、撤资风险、管理风险、执行风险、决策风险等。

Chotigeat et al. （1997） 和 Manigart et al. （2000） 采用打分法对欧亚地区的风险项目评估指标进行了研究。其中，Chotigeat et al. 给出风险项目的综合评估指标体系，而 Manigart et al. 则从风险和收益角度对风险项目的效用进行评估，通过划分收益性和风险性两大类指标，建立了风险项目的评估指标体系，但上述研究至今还没有文献从实证上对其进行严格的论证。Kaplan et al. （2004） 对美国 58 份风险项目的投资分析报告进行了分析，发现样本中风险决策者考虑的重要风险包括机遇、管理、交易、监控和退出等风险。Kumar et al. （2009） 应用心智图，构建了一类集成管理决策模型，使得决策显性化和具体化，并应用决策树方法进行了分析。

（2）国内相关研究

根据现有的文献，国内学者的部分研究工作包括：

①从风险项目的外部环境、难易程度、项目承担单位的能力等几个方面进行研究，将风险项目划分为技术研制、产品开发和生产以及市场营销等几个阶段，提出了 24 种风险因素及决策方式。

②针对高技术性风险项目，提出该类项目所面临的主要风险是工程化风险、市场风险和管理风险，并建立了相应的预测和评估模型。

③对风险投资与高新技术项目产品开发之间的关系进行了分析，并认为高新技术项目的投资风险涉及环境风险、融资风险、技术风险、生产风险、市场风险和管理风险六大类，并采用模糊综合评价法对投资风险进行评价。

④对风险项目的影响因素进行了分析，构建出评估风险项目的非系统性风险的一套指标体系，其中，非系统性风险主要涉及市场风险和代理风险。

⑤构建了包括技术风险、市场风险、管理风险、环境风险

和流动风险五类指标的评价指标体系，并采用层次分析法计算权重。研究发现，技术风险和管理风险是风险项目最重要的两类风险，并应用灰色多层次评价模型对项目风险进行了综合评估。

⑥针对风险项目的系统风险，提出了相应的评估指标体系，并运用层次分析和模糊统计方法建立了风险项目系统风险的评估模型。

⑦提出风险项目评估指标包括生产风险、市场风险、技术风险、管理风险、财务风险和自然风险等，并应用多层次灰色综合评估方法对风险项目进行风险评估。

⑧针对高技术项目，应用粗糙集相关理论构建了项目风险的评估模型。其中，评估指标权重的确定被转化为粗糙集中指标的重要性，并与经验权重相结合得到综合的权重。

⑨构建了风险项目的多层次风险评估指标体系，并利用模糊层次分析法确定出指标权重。

⑩认为风险项目的评估问题主要应该依靠专家的经验判断，如果完全依靠统计数据，则缺乏经验智慧，并综合利用主观和客观赋权的变异系数法，构建组合赋权的风险项目评估模型。

另外，张立新等就非对称信息条件下的风险投资契约机理进行了研究。顾靖、周宗放等讨论了风险项目的初始和中止决策机制。李云飞、周宗放等提出了一类基于风险投资契约的风险项目投资的综合评判方法。

2.2.2　新兴技术项目企业的相关研究

（1）新兴技术企业的相关研究

自新兴技术概念出现以来，国内外的研究主要围绕新兴技术和新兴技术企业展开。根据中国的国情，中国的新兴技术企业通常是指通过开发或引进国内外新兴技术，进行相关的生产经营和服务，将新兴技术的成果转化为产品并推广使用，并在技术进步的基础上扩大再生产而兴办的企业。目前，针对新兴技术企业的相关研究很少。何应龙和周宗放（2010）提出了新兴技术企业的特征参数，包括：

①新兴技术企业的行业特征（EI），该特征可以根据行业所处的新兴技术领域和创新水平等进行描述。

②新兴技术企业的技术特征（RO），该特征可以通过实物期权方法来确定新兴技术企业的期权价值。

③新兴技术企业的市场特征（CE），该特征可以用新兴技术产品的市场扩散能力来度量。

并在此基础上，提出新兴技术企业的成长模型。根据该模型，新兴技术企业在成长过程中，随着 NPV、CE 和 RO 不同程度的增长，由 NPV、CE、RO 和现金流现值所张成的四面体体积不断增大。因此，该四面体的体积可以用以评价新兴技术企业的成长过程，而一般企业的成长过程，除了行业前景和企业的市场拓展外，主要由现金流决定。

（2）新兴技术项目企业的相关研究

目前，国内对新兴技术项目企业的研究文献很少，本书借鉴了国内对新兴技术企业的相关研究成果，对新兴技术项目企业进行定义和讨论。新兴技术项目企业是承担新兴技术项目的载体，是将新兴技术项目的研发、产品生产、经营和销售纳为一体的企业。与新兴技术企业不同是，新兴技术项目企业主要依托某一个或几个新兴技术项目而开展生产和经营活动。新兴技术项目企业可以不是初创型企业，但一定具有新兴技术企业的典型特征。按照企业生命周期的划分方法，大多数新兴技术项目企业都可以划入处于成长期的新兴技术企业的范畴。

如何将处于实验阶段的新兴技术项目商业化是新兴技术项目企业所面临的重大挑战。商业化过程的成功，不仅需要新兴技术项目具有核心的新兴技术，而且需要建立补充性资产①以应对新竞争对手的挑战或满足新的市场需求。因此，新兴技术项目在商业化过程中将面临三大挑战：补充性资产的变化、客户的变化②和竞争的变化③。新兴技术项目企业面临的另一个挑战是适用于一般项目管理的规则被破坏了，取而代之的是适用于新兴技术项目管理的新规则，表 2-3 显示了新兴技术项目企业和一般企业的差异。

表 2-3　　　新兴技术项目企业与一般企业的比较

领域	一般企业	新兴技术项目企业
环境/行业	可控的风险	不稳定和不可预测性（缺乏预测的基础），高度的复杂性和模糊性
组织结构	稳定	不稳定
反馈	层次结构清楚	随意、模糊
参与者	熟悉	全新和未知
竞赛范围	清楚	形成或变革中
组织环境/氛围	清晰	新的或变革中
思维形式/常规	公认的规则，众所周知的范围	无规则，常规知识不适用

---

① 所谓补充性资产是指各种资源，例如分销渠道、服务能力、客户关系、供应商关系以及补充性产品。当这种补充性资产对于其他企业来说很难得到或复制时，一个新兴技术项目企业就更加有可能从其新兴技术项目中获得较高的经济收益。

② 许多企业涉足新兴技术项目领域后以失败告终，是因为他们只关注了新出现的市场部分，忽略了自己当前的客户。

③ 新兴技术项目一旦成功，新兴技术项目企业则通常会面临新的竞争环境。

表2-3(续)

领域	一般企业	新兴技术项目企业
边界	严格明确的边界	可渗透的边界，依赖外部资源
决策	确定的程序	决策速度加快
战略选择	获得优势和杠杆资源，提供时间表	强调有活力的、适应性强的多种战略；使用实时、以问题为中心的程序；强调发散式思维
资源分配	基本明确	不断调整
标准	传统贴现现金流量、投资回收期和股东财富	实物期权价值
过程与责任	过程确定（风险明确/报酬权衡）	非正式（小规模初始投入）
监控	明确	可调整
市场评价	已知、可辨认的公平交易和明确的竞争者，强调一般性需求	实验和探索，潜在需求，强调二级需求
发展阶段	具有明确和可复制的阶段性	具有多重选择和灵活的时间框架
人员管理	传统招聘和保障制度	新颖、强调多样化和新保障制度
利润分配	利润用于保持发展优势，防止被仿造和信用威胁	利润用于多方面，例如专利、保密、时间领先和控制补充资产

2.2.3 常见的企业信用风险评估模型

新兴技术项目的载体即新兴技术项目企业，包括一些相关的科研院所和企业。目前，改制后的企业型科研院所和新兴技术行业内的企业已成为新兴技术项目企业的主体。由于这类企业通常对资金的需求较大，而且其技术和风险特征以及市场运营模式等均有别于一般传统企业，其中任一环节的风险增大，必然会降低新兴技术项目企业的履约和还款能力。因此，新兴技术项目企业的履约能力和信用风险必须予以重视。目前，经典的企业信用风险评估模型大致可划分为破产模型、结构化模型、简化模型。

2.2.3.1 基本模型

（1）破产模型

最初关于破产模型的研究，主要是根据一些重要的企业财务指标，采用回归分析或判别分析方法，对企业是否可能发生破产进行预测。如 Beaver（1966）的单变量模型、Altman（1968）的多个变量模型（Z 计分模型和 Zeta 模型）、Logit 模型、Probit 模型，等等。除此之外，还有文献对多元判别法与 Logit 法的有效性进行了比较。

目前，一些非统计方法也被用于构建破产模型。从数据采用方面，Baldwin 等结合年度和季度数据，Chava 等结合月度和行业数据构建了破产模型。之后，非财务数据被纳入破产预测模型中。Altman、Dugan 等先后研究了企业破产在股市上表现出的征兆，由此预测企业破产概率；Lindsay 等发现正常企业的股票收益具有混沌特性，以此建立了非线性破产模型；Kim 等分析了破产模型对决策结果的影响；Cybinski（2001）指出破产模型无法解释破产成因，等等。

（2）结构化模型

结构化模型建立在 Black-Scholes（1973）和 Merton（1974）期权定价理论的基础上，将企业违约行为与期权理论相结合，据此对企业的违约概率进行度量。Black 和 Cox（1976）进一步放宽了模型的假设条件，提出了首次到达违约模型；一些文献对模型进行了扩展研究。同时，基于结构化模型也出现了大量的相关研究成果。如 Geske 基于结构化模型提出债权信用风险的度量方法；Geske 等提出了有息债权的定价模式；一些文献引入状态函数来度量违约概率，进而对衍生债权进行定价；Leland 等提出了违约触发时间的外生性；还有文献用 Esscher 测度来度量破产概率，等等。

（3）简化模型

简化模型源于 Jarrow 和 Turnbull 等（1995）对风险率的研究，认为企业违约强度服从某种随机过程。一些文献假设企业违约的强度服从 Square-Root 或 Affine 过程；Duffee 和 Kay 从系统性因素和非系统性因素两方面来划分企业违约强度的影响因素，其中，Duffee（1999）认为非系统性因素对企业违约强度影响更大，而 Kay（2003）对影响企业违约强度因素的选择则存在不同看法。

2.2.3.2　模型的应用

目前，应用最为广泛的企业信用风险评估模型主要包括 Creditmetrics 模型、KMV 模型[①]以及 Creditrisk$^+$模型[②]等。以下分别进行介绍。

（1）Creditmetrics 模型

该模型由 J. P. 摩根 1997 年研发并推向市场，模型假设债券或信贷资产的价值取决于债务人或借贷者的信用评级。其中的关键参数包括：

①债券或信贷资产组合的风险敞口。

②由债务人的违约风险所引起的债券或信贷资产的价值波动。

---

① 均以结构化模型为基础。
② 以简化模型为基础。

③债券或信贷资产之间的相关性。

该模型从债券或信贷资产组合的角度度量债券或信贷资产的违约风险，债券或信贷资产组合的违约风险来自组合中每一债券或信贷资产的边际贡献和它们之间的相关性。

（2）KMV模型

KMV模型①被世界上各大金融机构采用，该模型假设公司资产的市场价值一旦低于其债务的账面价值，公司发生违约。由此，KMV定义了公司的违约距离和公司的违约概率②。国内学者在运用KMV模型方面也进行了大量的研究。

（3）Creditrisk+模型

Creditrisk+模型是由瑞士信贷第一波士顿（Credit Suisse First Boston，简称CSFB）开发。该模型假设违约事件是外生的随机事件，基于精算原理，模拟债券或信贷资产组合的损失分布。一些文献对该模型进行了修正，利用 *CVaR* 的鞍点来度量债券或信贷资产的违约风险。

（4）Credit Portfolio View模型

该模型由麦肯锡公司于1998年提出，该模型在度量债券或信贷资产组合的违约风险时，引入了一些宏观经济变量③，并通过模拟转移概率矩阵来计算债券或信贷资产组合违约的损失分布。

2.2.4　服务代理商选择问题

如2.1.5小节所述，服务代理机制不仅有助于提升用户的满意度，而且对于增强生产厂商的市场竞争力也具有十分重要

---

① KMV公司被Moody公司收购后，该模型被称为Moody's KMV。
② 采用预期违约频率来度量公司的违约概率。
③ 如失业率、增长率、利率、汇率以及总储蓄率等。

的现实意义。技术服务代理商是服务代理商的一种常见类型，是代理厂商为用户提供售后技术服务的第三方企业。在现实中，如果产品的技术含量较高，生产厂商必然会重视产品的售后技术服务，当产品覆盖的区域较广时，生产厂商常常将产品的售后技术服务部分或全部外包给第三方，由第三方企业承担产品的售后技术服务。于是，生产厂商可以投入更多的人力和物力专注于扩大生产规模或开发新产品。由于新兴技术项目产品的技术含量高，试销成功后的产品通常会迅速向市场推广，以期望能够快速占领市场，因此，新兴技术项目产品的生产厂商通常会将其产品的售后技术服务外包给第三方企业。由此可知，新兴技术项目产品的售后技术服务面临着一个关键性问题，即技术服务代理商的选择问题。

技术服务代理商既是生产厂商的合作伙伴，同时也是产品技术服务的提供商。因此，厂商对技术服务代理商的选择，很大程度上属于合作伙伴的选择范畴。目前，针对技术服务代理商选择的相关研究文献十分鲜见，学术界和业界大多是基于供应链视角，对如何选择合作伙伴[①]的问题展开研究。合作伙伴的选择主要涉及选择或评价指标体系和选择方法两个层次的研究，以下对相关文献进行简要介绍。

（1）合作伙伴的选择或评价指标体系研究

相关研究工作包括：

①从交货提前期、质量、交货可靠性和价格四方面建立合作伙伴的选择指标，并将逼近理想排序法（TOPSIS法）应用于合作伙伴的选优，由此避免了指标权重确定的主观性。

②建立了一组合作伙伴选择的评价指标体系。

---

① 如供应商、外包商、服务外包商以及供应链上或厂商联盟的各类合作伙伴。

③在分析建立合作伙伴评价指标体系所应遵循的三大原则的基础上，提出了一套合作伙伴评价指标体系。

④在已有相关物流服务代理商选择评价标准和评价方法的基础上，从供应链管理和实际运用的角度，指出已有研究存在的缺陷，并融入新的评价因子。

⑤分析循环经济模式下的厂商物流变革，结合正向和逆向物流提出一套第三方物流服务代理商评价指标体系。

⑥针对第三方物流服务提供商的选择，建立评价指标体系，并提出选择第三方物流服务代理商的一般步骤和决策模型。

⑦在构建物流服务代理商评价指标体系的基础上，提出基于主观和客观赋权相结合的一种综合集成赋权法，为评价物流服务代理商的综合水平提供一种评价方法。

⑧针对现有供应商选择评价方法的缺陷，构建合作伙伴（供应商）选择系统。该系统采用粗糙集算法约简供应商评价指标，并计算指标权重，应用乘积推理机、单值模糊器和中心平均解模糊器构造供应商评价模型。

（2）合作伙伴评价和选择方法的研究

为了在竞争激烈的市场条件下充分利用内部和外部资源。国内外学者已提出了很多关于合作伙伴的选择方法。

①逼近理想解排序法（TOPSIS法）。该部分的研究工作主要包括：

（a）使用改进的TOPSIS法，用于实际多目标系统优选决策分析。

（b）提出基于集成灰色关联法、TOPSIS法和社会选择方法，构建选择第三方物流服务代理商的两阶段模型。

（c）研究多式联运服务代理商的选择问题，针对多式联运服务的具体特点，建立多式联运服务代理商选择的指标体系，并应用混合型TOPSIS法建立了目标优选的评价模型。

（d）为了解决模糊环境下的第三方物流服务代理商选择问题，构建了基于战略联盟关系导向的评价指标体系，并采用TOPSIS法对备选物流服务代理商进行最终排序。

②AHP/DEA方法。该部分的研究工作主要包括：

（a）由于当前网络技术和信息技术的发展，厂商可供选择的供应商越来越多、需要处理的数据越来越大，针对敏捷供应链管理中合作伙伴（供应商）的选择，分析网络时代供应商选择的特点，结合层次分析法（AHP）和数据包络法（DEA）的优缺点，提出一种选择合作伙伴的AHP/DEA方法。

（b）以供应链管理中的合作伙伴选择为背景，讨论现有的合作伙伴选择方法以及评价准则的特点，在此基础上提出供应商评价的偏好约束锥DEA模型。该模型具有较好的鲁棒性，兼有一般DEA模型的特点，且能够反映决策者的偏好。

（c）研究认为合作伙伴选择关系到供应链中核心厂商的采购质量，并会影响厂商的市场竞争力，由此提出合作伙伴选择的AHP/随机DEA方法。

（d）采用层次分析法确定各专家和各影响因素的权重，并使用模糊评价的方法计算各候选厂商针对各因素的优先分值。

（e）根据厂商对于物流服务的要求建立指标体系，并应用层次分析法选择最佳物流服务代理商。

（f）采用多层过滤方法选择第三方物流服务代理商。

（g）综合运用AHP和LP方法，探讨多源合作伙伴选择以及最优采购量分配的问题。

（h）运用平衡计分卡和层次分析法，研究合作伙伴的动态选择问题，提出合作伙伴的组合选择方法。

（i）综合总结出一种基于AHP和DEA的合作伙伴（供应商）选择方法。

（j）采用层次分析法和模糊层次法对合作伙伴的选择予以

评价。

③合作伙伴选择的多目标决策法。该部分的研究工作主要包括：

（a）认为合作伙伴的选择是供应链运行的前提和基础，提出了基于信息熵的合作伙伴选择的模糊多目标最优决策法。

（b）利用模糊层次分析法和模糊目标规划分析供应链战略中全球合作伙伴选择问题，通过不断整合管理者的意见来确定目标权重，由此获得合适的供应商订货量。

④神经网络模型。该模型建立了基于神经网络的第三方物流服务代理商的评价体系，提出了运用 BP 神经网络模型对第三方物流服务代理商进行选择决策的方法。

⑤模糊数学模型。该部分的研究工作主要包括：

（a）由于合作伙伴选择问题中包含大量的不确定和模糊因素，该模型将模糊集合论的思想和方法引入合作伙伴评价中，建立了合作伙伴模糊评价模型。

（b）针对传统的单因素评判方法极易"失真"的缺陷，采用模糊综合评判法从定性、定量两个方面对第三方物流服务代理商的综合服务能力进行评判。

（c）针对物流服务供应链绩效评价中指标过多的问题，提出一种基于模糊粗糙集的指标约简方法。

（d）通过分析物流外包战略、物流服务代理商类型，以及物流的成本及风险，构建一个关于选择第三方物流服务代理商的模型。

（e）针对物流服务代理商选择中评价指标的不确定性和模糊性，用三角形模糊数描述评价指标，构造基于三角形模糊数和群决策理论的算法。

（f）针对人力资源外包服务代理商的选择问题，运用模糊方法建立外包服务代理商选择的熵权系数评价模型。

（g）提出一套第三方物流合作伙伴选择的评价指标体系，并运用模糊决策和层次分析法解决第三方物流合作伙伴的选择问题。

⑥粗糙集方法。该部分的研究工作主要包括：

（a）认为理想的合作伙伴可由灰色粗糙集理论的下近似值决定，进而利用灰色粗糙集方法研究合作伙伴的选择问题。

（b）基于质量、按时交货、价格和服务四个属性，利用 Taguchi 损失函数给出合作伙伴的评价和选择制度。Arunkumar、Karunamoorthy 和 Anand（2006）研究了包含折扣价格时间表的合作伙伴选择的多目标问题，并由此建立了分段线性的多目标决策问题。

⑦其他优化方法。该部分的研究工作包括：

（a）认为第三方物流服务代理商选择是多因素、多层次的决策问题，因此，将 P-SVM 方法和混沌算法、遗传算法应用于第三方物流服务代理商选择模型。

（b）运用支持向量机（SVM）分析合作伙伴的排名，进而选择合作伙伴。

（c）研究供应链管理中伙伴选择问题，并运用混合遗传算法求解其模型。

（d）基于灰色关联分析法在合作伙伴选择上的优点，比较了其他选择合作伙伴的算法。

（e）利用遗传算法研究在模糊需求下合作伙伴的选择问题。

（f）研究在有限预算和市场不确定情况下，如何建立合作伙伴选择模型。

（g）结合机会约束规划模型及遗传算法，研究总质量和服务不确定情况下的合作伙伴选择问题。

（h）采用多准则群决策（MCGDM）的信息集成法处理多重决策标准，进而选择合作伙伴。

2.3　简单评述

从国内外研究的相关文献来看，关于项目风险的评估方法主要是针对一般性项目展开，鲜见针对新兴技术项目的风险进行测度的文献。新兴技术项目企业是新兴技术项目的载体。目前，改制后的企业型科研院所和新兴技术行业内企业是新兴技术项目企业的主体。新兴技术项目企业具有新兴技术企业的特征，其风险特征及市场运营模式等均有别于一般传统企业。目前专注于研究新兴技术项目企业的文献还十分鲜见。本书针对新兴技术项目的风险特征，采用有别于一般的项目风险评估方法，分别从信用风险、技术风险、市场风险和技术服务风险的视角对新兴技术项目的风险进行测度，进而拓展了新兴技术项目风险测度的方法体系。

如前所述，新兴技术项目企业的扩张能力通常较强，对资金的需求较大，但由于新兴技术项目的风险特征，新兴技术项目企业的履约能力和信用风险具有较大的不确定性，尤其是目前大量的民营企业成为新兴技术项目的承担企业后，新兴技术项目企业的信用风险问题更加突出。在相关研究十分匮乏的情况下，如何评估新兴技术项目企业的信用风险？有别于一般的企业信用风险评估方法，本书针对新兴技术项目的特点，引入"参照样本系"，构建了基于粗糙集和模糊聚类的集成算法，对新兴技术项目企业的信用风险进行测度。

服务是一种产品，并且与传统产品的概念不同。目前，关于服务代理商的合作伙伴选择方面的研究成果，大多集中在供应链上提供产品的供应商和第三方物流服务代理商。由于新兴技术项目产品具有高技术含量的特点，新兴技术项目企业的技术服务代理商选择问题远远有别于传统供应链上合作伙伴的选择。这种区别首先是由新兴技术项目产品的技术服务代理商与传统产品的供应商的作用不同导致的，传统产品的供应商主要为相关制造厂商提供原材料或辅助性产品，而新兴技术项目产品的技术服务代理商则兼顾了向用户提供维修服务和现场技术服务，处理产品使用中的质量问题，将用户反馈的信息传递给生产厂商多重职能。因此，技术服务代理商不仅是新兴技术项目产品的生产厂商参与市场竞争的重要力量，而且其技术服务水平的高低将直接影响用户的满意度、忠诚度和产品的市场占有率。由于技术服务代理商的质量直接影响新兴技术项目的技术服务风险，因此，本书有别于一般的合作伙伴选择方法，分别在定量化评价和定性化评价的基础上，提出了技术服务代理商的一类综合评价和选择方法，进而实现对技术服务代理商的优选。

综上所述，现有的研究，对新兴技术项目风险特征的识别和刻画，以及风险测度的方法等均十分少见，新兴技术项目风险测度的方法体系更没有建立。针对这些问题展开研究，正是本书的主要研究内容和出发点，也是本书研究工作的主要创新之处。

3 新兴技术项目的风险要素与特征

本章针对新兴技术项目的风险要素和风险特征展开分析。由于新兴技术项目的总体风险在很大程度上依赖于信用、技术、市场和服务，因此，本章将从信用、技术、市场和服务的角度，即从内生性风险（非系统性风险）的角度来讨论影响新兴技术项目成败的一些关键性的风险要素。这些风险要素不仅是新兴技术项目的风险来源，而且刻画了新兴技术项目的风险特征。

本章的结构安排如下：3.1节分别对上述四类风险要素进行了分析；3.2节对新兴技术项目的风险特征进行归纳；3.3节基于新兴技术项目的风险特征，构建了新兴技术项目的风险特征模型；3.5节是本章的小结。

3.1 新兴技术项目的风险要素

根据新兴技术项目的特点并结合前面的分析可知，由于新兴技术项目的总体风险在很大程度上依赖于项目，尤其是项目的载体、技术、市场和服务，因此，从项目的载体、技术、市场和服务的角度来看，关系到新兴技术项目成败的决定性风险要素主要包括以下四类：一是新兴技术项目企业的信用风险

（Credit Risk，简称 CR）；二是新兴技术项目的技术约束导致的技术风险（Technical Risk，简称 TR）；三是新兴技术项目的市场约束导致的市场风险（Market Risk，简称 MR）；四是新兴技术项目的技术服务保障能力不足导致的风险（Technique Service Risk，简称 TSR）[①]。以下将分别对上述风险要素进行分析。

3.1.1 来自新兴技术项目企业的信用风险

新兴技术行业的蓬勃发展，使得大量的企业开始涉足新兴技术项目[②]。由于新兴技术项目企业的扩张能力强，对资金的持续需求往往较大且十分急迫，因此，进入该行业的企业往往需要巨大的资金投入。新兴技术项目企业的信用风险反映了新兴技术项目企业的履约和融资能力，新兴技术项目企业的信用风险成为新兴技术项目能否成功的关键要素之一。事实上，信用风险不仅反映了企业的财务状况和融资能力，而且反映了企业的生存条件和成长环境，换言之，在信用经济环境中，信用差的企业将寸步难行。

从互联网行业在我国的发展的情况来看，互联网的发展是从 ISP 技术开始的。例如，瀛海威公司最初是 ISP 技术的提供商，曾一度在 8 个城市开通了 ISP 服务。然而，ISP 需要巨大的资金投入，非一般企业所能承受，后来者——中国电信则凭借其强大的经济实力，打败了几乎所有的 ISP 服务商。因此，这种资金约束的风险是导致新兴技术项目成败的重要因素之一。

从融资渠道来看，一方面，信用优良的新兴技术项目企业

[①] 新兴技术项目的技术服务风险主要表现在新兴技术项目产品的售后技术服务风险，其中，新兴技术项目产品指依托新兴技术项目而开发的产品。

[②] 国务院发展研究中心产业部认为：未来 10 年，将是战略性新兴产业蓬勃发展的 10 年，到 2020 年，战略性新兴产业占工业增加值比重可望达到 20% 以上。

可以得到政府财政资金的强有力支持；另一方面，信用优良的新兴技术项目企业容易获得各类投资者和金融机构的资金支持。事实上，由于新兴技术项目的潜在丰厚收益，且投资风险具有一定的可承受性，因此，新兴技术项目企业容易得到投资者和金融机构的青睐。目前，不少商业银行、各类投融资机构、企事业单位等都与信用优良的新兴技术项目企业建立了各种各样的借贷或交易关系。换言之，信用优良的新兴技术项目企业具有更小的资金约束。

综上所述，由于履约和融资能力直接影响到新兴技术项目的成败，因此，新兴技术项目企业的信用风险是新兴技术项目面临的另一个重要的风险要素，信用风险高的企业将被"一票否决"①。

3.1.2 由技术约束导致的技术风险

新兴技术项目在技术上的先进性、独创性、可靠性和安全性等是新兴技术项目技术水平的重要评价标准，新兴技术项目的技术评价要素如表3-1所示。

表3-1　　　　新兴技术项目的技术评价要素

技术的先进性	与现有技术的差异及先进程度
技术的独创性	独创功能及实现程度
技术的可靠性	系统的协调性
技术的安全性	加工、装配、使用等各环节的便利性
技术的可操作性	技术本身与周围环境的协调性
可维护性	维护维修技术的可实现性
防模仿性	技术的含量

---

① 所谓"一票否决"，是指信用风险高的企业不具备承担新兴技术项目的资格。

从技术风险的角度来看，技术风险主要源于技术的不成熟和不确定性，在新兴技术项目的研发和商业化阶段都面临较大的技术风险。这种由新兴技术本身的技术不成熟和不确定性导致的技术风险称为来自新兴技术项目"内部的技术约束"。由新兴技术项目"内部的技术约束"而导致的技术风险不仅反映在新兴技术项目的研发阶段，而且很大部分反映在新兴技术项目的商业化阶段。例如，从我国互联网发展历程来看，当互联网技术处于初始发展阶段时，早期的 ISP 技术很快被其他互联网技术所替代，导致当时采用 ISP 技术的互联网企业面临极大的技术风险。

在新兴技术项目商业化运作的初始阶段，除了新兴技术自身可能没有完全成熟外，还受制于一些其他相关技术的约束。这种由其他相关技术约束所导致的技术风险称为来自新兴技术项目"外部的技术约束"。这种来自于新兴技术项目"外部的技术约束"所导致的技术风险通常使得新兴技术项目的初级产品往往比较单一。例如，互联网技术在我国商业化运作初期，人们直接的需求是能够上网，因此，在 1994—1997 年，几乎所有的 ISP 技术（互联网接入技术）都提供相同的产品。其必然的结果是：采用该技术的一大批互联网企业争夺一个较小的市场，每一企业的生存空间都很狭小，最终导致一大部分的互联网企业被淘汰。

在新兴技术项目的商业化运作阶段，技术约束可能导致先进入的新兴技术项目企业较后进入的企业面临更大的技术风险。事实上，由于技术的约束，先进入的企业常常具有显著的同质化特点，但是随着技术的成熟和技术的进步，后进入的企业会规避这些技术缺陷，从而降低技术风险。

综上所述，新兴技术项目的技术风险是新兴技术项目面临的关键风险要素。

3.1.3 由市场环境约束造成的市场风险

新兴技术项目的市场风险主要出现在新兴技术项目的商业化运作阶段。一方面，由于新兴技术项目潜在的市场价值有赖于人们对新兴技术和新兴技术项目产品的认识，而新兴技术项目产品从被人们了解到被市场广泛接受，通常会经历一个较漫长的过程。因此，新兴技术项目产品面临较大的市场接受风险。另一方面，由于人们认知上的缺乏，使得在开拓新产品市场前，率先研发新兴技术项目或采用新兴技术项目产品的企业将承担向消费者普及新兴技术项目产品的义务，并且负担相应的成本，本书称该性质为新兴技术项目产品的外部性①。

显然，新兴技术项目产品的市场接受风险和外部性主要由市场约束导致，是新兴技术项目商业化运作过程面临的主要市场风险。例如，在互联网技术商业化运作的初始阶段，ISP 技术的市场接受风险和外部性尤其突出，从而导致先研发和采用 ISP 技术的企业花费了很大的成本，才让消费者逐渐认识了互联网。随着互联网技术的不断成熟和完善，互联网的服务内容越来越丰富多彩、价格也越来越低廉，先研发或采用 ISP 技术的企业如果不及时更新产品和经营理念，则可能失去原来的客户，最终失去市场。

综上所述，新兴技术项目的市场风险是新兴技术项目面临的重要风险要素。

3.1.4 由新兴技术项目技术服务保障能力不足导致的风险

服务代理商制度不仅有利于更好地满足客户的需求，而且有助于将新兴技术项目产品更快地推向市场。新兴技术项目的

---

① 通常，先进入市场的新技术或新产品均具有外部性。

技术服务代理类型可以涵盖 2.1.5 节中的三种形式，具体采用哪种代理形式，需要根据具体的项目产品特性来确定。对新兴技术项目产品而言，由于新兴技术项目产品的技术专有性和市场特征，较大型的新兴技术项目一般选择服务总代理的形式，并且给予技术服务代理商相应的权限。事实上，一方面，由于新兴技术项目的技术约束性，项目产品的维修维护非一般服务代理商可以承担；另一方面，由于新兴技术项目产品的市场约束性，新兴技术项目的技术服务商还应该具有市场推广的职能。因此，新兴技术项目的技术服务代理商不仅应该具有项目产品维修维护的技术职能，而且还具有项目产品销售和备品备件采购的代理职能①。

从代理范围来看，根据新兴技术项目和产品的特点，技术服务代理可以选择跨区域的服务代理形式，这样不仅有助于新兴技术项目产品可以快速地占领本地市场，而且有助于其迅速地推向外地市场。

根据上述对新兴技术项目技术服务代理商的要求可知，新兴技术项目的技术服务代理商不仅应该具有相应的技术服务能力，而且应该具有较强的综合实力，本书简称这类技术服务代理商为新兴技术项目的 A 类技术服务代理商。

显然，如果新兴技术项目的技术服务代理很弱，则新兴技术项目产品可能面临由于服务代理不到位而失去客户和市场的情况，最终导致新兴技术项目失败。因此，新兴技术项目的技术服务保障能力不足是新兴技术项目面临的又一风险要素。

①　同时兼顾产品的维护维修和销售是现代服务代理商的重要特征，因此，新兴技术项目的技术服务代理商应该具有较强的综合实力。

3.2 新兴技术项目的 CTMS 风险特征

如前所述，新兴技术项目涉及的风险众多，但其中的外生性风险（系统性风险）大多是与项目的成败非直接相关，且项目执行者难以控制的风险。而内生性风险（非系统性风险）大多是与项目成败直接相关的风险，项目执行者可以通过提升管理、技术创新、市场营销和技术服务等水平来规避或降低项目的内生性风险。拟外生性风险也是与项目成败直接相关的风险，但项目执行者只能控制其中的内生性风险部分。因此，内生性风险表现了新兴技术项目的主要风险特征。基于此，本书拟从内生性风险的角度，即从项目的载体、技术、市场和服务的角度，来讨论与新兴技术项目成败直接相关的风险特征。依据内生性风险的内涵，新兴技术项目的风险可以大致归纳为信用风险、技术风险、市场风险和技术服务风险四类，其中管理风险贯穿于该四类风险之中。这四类风险分别具有不同的风险特征，以下将分别进行论述和分析。

3.2.1 信用风险特征

市场经济的高级阶段是信用经济，在信用经济条件下，良好的信用是企业生存和发展的基本保障，同时也反映出企业的经营前景。本书所提及的新兴技术项目的信用风险是指承担新兴技术项目的载体（即新兴技术项目企业）的信用风险。新兴技术项目企业的信用风险不仅反映了新兴技术项目企业在项目研发和实施过程中所面临的履约风险，而且也反映了新兴技术项目企业的财务风险和融资能力，同时还会影响新兴技术项目产品的市场销售水平①乃至企业的生存和发展。因此，新兴技术项目的信用风险是新兴技术项目的重要风险特征之一，可以由新兴技术项目企业信用风险的大小来体现，信用差的企业将被一票否决②，即信用风险大的企业没有承担新兴技术项目的资格。

3.2.2 技术风险特征

Handerson 和 Clark（1990）认为技术创新可以分成四类：渐进性技术创新、模块性技术创新、结构性技术创新和根本性技术创新。技术创新的成败不仅依赖技术本身，而且依赖市场的可接受性，因此，技术创新同时包括了技术和市场两个方面。除渐进性技术创新外，其他三种技术创新都是不连续性的技术创新，具有两个重要特征：一是具有明显的边际效应③；二是具有爆发性的市场潜力④。一般而言，新兴技术项目的技术创新机制是提升新兴技术项目技术水平的根本保障，不连续的技术创新是新兴技术项目技术创新机制的主要内涵和典型特征，同时也是新兴技术项目技术创新面临的主要风险。

新兴技术项目的技术创新机制一方面给新兴技术项目企业的研发及经营带来了竞争优势和更加广阔的发展机会；另一方

---

① 信用是企业生存和发展的基础，产品能否进入市场，能否被消费者接受，与生产厂商的信用密切相关。

② 对申请新兴技术项目的企业而言，如果企业的信用风险较大，将失去承担新兴技术项目的资格；对已承担新兴技术项目的企业而言，如果企业的信用风险加大或出现异常，且企业没有相应的整改措施，则项目资金将被抽回或不再投入。

③ 即其他三种新兴技术创新带给潜在采用者的边际效应明显地高于渐进性技术创新。

④ 新兴技术的出现凸显出一般技术的局限性，新兴技术的市场潜力将快速提升。

面，技术创新又给新兴技术项目带来较大的技术风险，一旦技术风险加大，新兴技术项目的外部投资者可能采取延迟投资或缩减投资，甚至放弃或转移投资等多种行为。由于新兴技术项目的技术风险源于技术的不成熟或不确定性，技术创新能力越低，技术风险越大，因此，技术创新的不成熟和不确定性是新兴技术项目技术风险的主要特征。换言之，新兴技术项目的技术风险特征可以由项目的技术创新能力来刻画。基于此，本书将沿用技术创新的相关理论与方法，对新兴技术项目的技术风险特征进行测度。

3.2.3 市场风险特征

新兴技术项目的市场风险主要源于新兴技术项目产品的市场效益，产品的市场效益越高，市场风险越小。当新兴技术项目产品的销量跨过某一临界容量，潜在采用者愿意为之支付更高价格时，新兴技术项目产品的市场效益就会成倍增加。随着新兴技术项目产品的均摊成本快速下降，利润和市场快速扩张，则形成所谓"赢者通吃"的现象，从而获得竞争性垄断地位。因此，新兴技术项目产品通常会遵循"市场比利润更重要"的原则，早期可能以低于成本的价格出售或赊销给潜在采用者，以求未来的市场。换言之，新兴技术项目产品的市场效益具有"盈利滞后"的特性。

新兴技术项目的产品大致可划分为"改进型"①"突破型"②

---

① "改进型"新兴技术项目产品一般指原有产品的升级换代产品，当其产品销量跨过某一临界容量时，市场呈集群性增长。

② "突破型"新兴技术项目产品是指产品销量一旦突破某一临界点，由于正反馈原理，该产品呈现爆炸性、集群性增长。

"早熟型"① 等几种类型。由于新兴技术项目产品的更新周期正在快速缩短,一代产品市场可能刚刚形成规模,就已经开始分化,呈现易逝性产品的特性。因此,常常出现多代新兴技术项目产品并存的局面。

综上所述,新兴技术项目的产品市场具有多种特性,对其市场效益和市场风险的分析异常复杂。由于产品采用者的空间分布及其动态变化过程是体现新兴技术项目的市场效益和市场风险的重要依据,因此,本书根据新兴技术项目产品采用者空间分布的动态变化特征来刻画新兴技术项目的市场风险特征,通过度量新兴技术项目产品采用者的空间分布差异来测度新兴技术项目的市场风险。

3.2.4 技术服务风险特征

进入 21 世纪以来,以生产为重心的传统经营观点正在发生改变,服务越来越受到厂商的重视。很多著名厂商都认为,21世纪将是服务的时代,并纷纷调整厂商的发展战略。目前,服务创造价值的经营理念已经在我国许多行业或厂商间得到了体现。同时,服务是有成本的,只有当服务的成本小于服务所创造的价值时②,厂商才会从所提供的服务中获得收益。

在当前的科技创新时代,新兴技术项目产品面临变化多端的市场环境和技术环境,这对新兴技术项目企业的技术创新能力、决策和应变能力等都提出了更高的要求。一方面,新兴技术项目产品推向市场之后,技术不完善或者产品使用不当,可能导致新

---

① "早熟型"新兴技术项目产品是指那些技术过于超前,其生存的市场条件尚未形成或不稳定的新兴技术产品。通常这类产品会因为市场销量不能跨过某一临界容量而失败。

② 服务所创造的价值不仅反映在服务收费上,而且更反映在产品的销售、市场竞争力的提升等诸多方面。

兴技术项目产品的效能不稳定或者发生故障；另一方面，新兴技术项目企业都希望能够将自身有限的精力和资源投入到新兴技术项目的研发、生产和经营上，进一步巩固和发展自身的核心业务，因此，在客观上产生了对技术服务代理的需求。

由于优良的技术服务对新兴技术项目的成功和促进新兴技术项目企业可持续发展均具有重要的作用，因此，高质量的技术服务对新兴技术项目企业至关重要。技术服务代理是接近用户的最前沿，是满足用户需求的关键所在。但是，不同的技术服务代理商在服务质量上有很大差别，如果技术服务代理商选择不当，不仅可能导致新兴技术项目失败，并且可能给新兴技术项目企业带来很大的损失甚至使其遭受毁灭性的打击，因此，新兴技术项目企业必须非常谨慎地选择技术服务代理商。由于技术服务代理商的服务质量直接反映了新兴技术项目的技术服务水平，因此，本书用技术服务代理商的服务质量来刻画新兴技术项目的技术服务风险特征，根据技术服务代理商的服务质量高低来测度新兴技术项目技术服务风险的大小。

3.3　新兴技术项目的 CTMS 风险特征空间与风险特征模型

3.3.1　偏序空间结构的概念

（1）偏好关系

定义 3.1　集合 S 上的一种二元关系"$\prec=$"（以极小为例），且满足：

①当 y，$z \in S$，$y \prec z$ 时，称 y 比 z 好（或 z 比 y 劣）；

②当 y，$z \in S$，$y \sim z$ 时，称 y 与 z 同样好；

③当 y, $z \in S$, $y \prec= z$ 时，称 y 不比 z 劣（或 z 不比 y 好）。

称满足上式的二元关系为集合 S 上的偏好关系。

（2）偏序关系

定义 3.2　设集合 S 上的二元偏好关系为"$\prec=$"，记（S, $\prec=$）且具有如下性质：

①自反性：$y \prec= y$，$\forall y \in S$；

②传递性：$x \prec= y$，$y \prec= z$ 的充分与必要条件是 $x \prec= z$，$\forall x$, y, $z \in S$；

③反对称性：$x \prec= y$，$y \prec= x$ 的充分与必要条件是 $x \sim y$，$\forall x$, $y \in S$；

④完全性：$\forall x$, $y \in S$，$y \prec= x$ 或 $x \prec= y$。

如果性质①和②成立，则称集合 S 为偏预序集（partial pre-ordering set）；如果性质①、②和③成立，则称集合 S 为偏序集（partial ordering set）；如果条件性质①、②和④成立，则称集合 S 为全预序集（complete partial ordering set）；如果性质①、②、③和④都成立，则称集合 S 为全序集（complete ordering set）。

显然，如果应用效用函数（utility function）定义偏好关系时，则集合 S 可以转换为全序集。例如，引入效用函数 u（·），满足 $y \prec= z$ 的充分与必要条件是 $u(y) \leq u(z)$；$y \prec z$ 的充分与必要条件是 $u(y) < u(z)$；$y \sim z$ 的充分与必要条件是 $u(y) = u(z)$。

定义 3.3　如果空间 Ω 上的二元偏好关系为偏序集，则称 Ω 为偏序空间。

在偏序空间结构下，因为不满足上述性质④，因此，空间中的元素一般不能比较大小。例如，n 维向量空间 R^n 就具有偏序空间的特征。

3.3.2 帕累托最优

1896年，意大利学者维弗雷多·帕累托（Villefredo Pareto）认为：社会财富的80%掌握在20%的人手中。这种"关键的少数（vital few）和次要的多数（trivial many）"理论，在社会学和经济学中，称为Pareto原则（Pareto Principle）。

按照帕累托的说法，如果社会资源的配置已经达到这样一种状态：如果想让某个社会成员变得更好，就只能让其他某个成员的状况变得比现在差。这种资源配置状况就是最佳的、最有效率的。如果达不到这种状态，即任何重新调整可使某人境况变好，而不会使其他任何人情况变坏，则说明这种资源配置状况不是最佳的。这就是著名的帕累托最优。帕累托最优表明：如果不使一些人境况变坏，则不可能使另一些人处境变好。另一个相关概念是帕累托改进（Pareto Improvement），指在没有使任何人境况变坏的前提下，可以使至少一个人的境况变得更好，因此，帕累托最优指不再有进行帕累托改进的余地。如果存在改进余地，帕累托改进则提出了达到帕累托最优的路径和方法。

帕累托最优和帕累托改进是微观经济学和福利经济学常用的概念。福利经济学的一个基本定理就是所有的市场均衡都是帕累托最优的。在现实生活中，大多情况都是有人有所得就有人有所失。于是经济学家又提出了"补偿准则"，即如果一些人的境况由于变革而变好，并且他们能够补偿其他人的损失而且还有剩余，那么整体的效益就能改进。

1951年，库普曼斯（T. C. Koopmans，1975年诺贝尔经济学奖得主）从存在多个相互矛盾目标的生产和分配活动中提出多目标优化问题，采用帕累托最优来描述多目标数学规划问题，并引入了如下帕累托有效解的概念：假设同时有若干个目标，这些目标彼此独立，又无法加权求和，试问我们如何能实现自己的目标？一般而言，如果改进了某一个目标，必定会牺牲其他的目标，因此，无法同时兼顾所有的目标。帕累托最优的意思是尽量改进各个目标，一直达到某一状态，即任何一个目标的再改进要以恶化其他目标为代价，帕累托最优避免了存在改进余地但没有利用的状态。帕累托最优问题的解又称帕累托有效解，帕累托有效解通常不是唯一的，他们形成了偏序空间上的一条曲线，称帕累托有效边界。决策者根据自身的偏好，在帕累托有效边界上选择帕累托有效解，因此，决策者对各个目标的偏好程度不同便有不同的解。

帕累托最优解通常有三种解的形式：

定义 3.4　设目标函数 $f(x) = \{f(x_1), f(x_2), \ldots, f(x_n)\}$，若 $f(x^*) \leq f(x)$，$\forall x \in S$，则称 x^* 为集合 S 上的强有效解[①]（即对所有目标都是最优解）。

定义 3.5　若不存在 $x \in S$，使 $f(x) \leq f(x^*)$（且其中至少有一个严格不等式），则称 x^* 为集合 S 上的有效解。

换言之，此时 x^* 不能再改进。

定义 3.6　若不存在 $x \in S$，使 $f(x) < f(x^*)$，称 x^* 集合 S 上的弱有效解。

换言之，此时 x^* 不能再严格改进。

3.3.2　不完全偏序空间结构的概念

从空间构造的严格数学理论来看，要求空间的各个维度彼此独立，但在现实中，要求空间维度彼此完全独立往往没有实际的意义，这反映了数学理论和实际问题之间存在反差。

不完全偏序空间结构是针对偏序空间结构提出的一个新概念。不完全偏序空间结构不要求空间的各个维度彼此完全独立，

---

①　注：强有效解必为有效解，有效点必为弱有效解。

允许各个维度之间可以存在非线性的关联关系。在现实问题的研究中，偏序空间结构往往都是不完全的。本书提及的偏序空间均是指不完全的偏序空间。在不完全偏序空间结构与偏序空间结构下，帕累托有效解的含义相同。

就新兴技术项目的风险而言，信用风险、技术风险、市场风险和技术服务风险等四类风险之间彼此并非完全独立，相互之间存在一些内在的联系。例如，信用风险可能影响市场风险的大小，技术风险也可能影响市场风险和技术服务风险，但是他们之间的相互影响关系并不是直接和线性的关系，而是非线性的关系。另外，决策者的偏好将影响决策的结果，例如，如果决策者最重视技术风险，一旦技术风险过大，则无论其他风险如何，决策者都会放弃该项目。

3.3.3 新兴技术项目的 CTMS 风险特征空间

从项目管理和执行的角度来看，由于新兴技术项目的成败在很大程度上直接由内生性风险决定，因此，可以用新兴技术项目的技术风险特征 TR、市场风险特征 MR、信用风险特征 CR 和技术服务风险特征 TSR 来刻画新兴技术项目的主要风险特征。其中，新兴技术项目的技术风险特征反映了新兴技术项目的技术创新性，市场风险特征反映了新兴技术项目的市场扩散性。本章称基于上述四类风险所张成的四维空间为新兴技术项目的风险特征空间。值得注意的是，由于该四类风险刻画的目标不同，每一新兴技术项目的整体风险都与该四类风险相关，因此，最终的决策需要平衡该四个风险。换言之，如果将新兴技术项目的整体风险水平对应于特征空间上的一个点，则空间上的两点之间有时无法比较其优劣。例如，某一新兴技术项目的技术风险较大，但市场风险较小，另一新兴技术项目的技术风险较小，而市场风险较大，如何评价该两个新兴技术项目，则取决于决策者的偏好。因此，新兴技术项目风险的特征空间是（不完全）偏序空间，在该偏序空间结构下，通常只能获得帕累托有效解。

3.3.4 新兴技术项目的 CTMS 风险特征模型

在新兴技术项目的四维风险特征空间中，构造出如下图3-1所示的新兴技术项目风险特征模型。其中，新兴技术项目的信用风险特征轴（CR 轴）反映了新兴技术项目企业的信用风险水平，该轴上取值越大，信用风险越大；MR 轴为市场风险特征轴，MR 轴上的取值可以用于测度新兴技术项目产品的市场风险，该轴上取值越大，市场风险越大；技术风险轴 TR 轴反映了新兴技术项目的技术风险的大小，该轴上取值越大，技术风险越大，新兴技术项目的技术创新水平越差；由于技术创新水平越高，技术风险越小，对应的技术服务风险也越小，因此，技术风险与技术服务风险呈同向变化的趋势，可以将技术服务风险特征轴（TSR 轴）置于技术风险特征轴（TR 轴）的垂直向下，该轴上取值越大，技术服务风险越大。TR 轴和 TSR 轴上的取值显然具有关联性，他们同时向上下两端伸缩，但伸缩幅度不一定相同，这与技术风险的水平和技术服务的能力有关。

根据该风险特征模型，图 3-1 中四面体的体积大小反映了新兴技术项目面临的风险大小，四面体体积越大，新兴技术项目面临的风险越大，因此，在新兴技术项目的风险特征空间中，该风险特征模型测度了新兴技术项目风险的动态变化过程。

进一步地，如果决策者根据自身对风险的偏好对四类风险进行限制，则可以在风险特征空间的四个维度上设置相应的临界值或阈值，随着四面体体积的膨胀，项目的风险水平随之加大，风险的可容忍性逐渐降低。一旦任一轴上的取值突破临界值，则该新兴技术项目的风险将由可容忍的风险演变为不可容忍的风险。

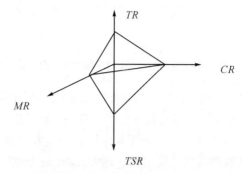

图 3-1　风险特征空间上的新兴技术项目风险特征模型

3.4　本章小结

本章分析了新兴技术项目的风险要素和风险特征。由于新兴技术项目的总体风险在很大程度上依赖于技术、市场和服务，而产生于信用技术、市场和服务的风险属于新兴技术项目的内生性风险（非系统性风险），是与项目的成败直接相关的风险，项目执行者可以通过提升管理、技术创新、市场营销和技术服务等水平降低这些风险，因此，内生性风险表现了新兴技术项目的主要风险特征。依据内生性风险的内涵，新兴技术项目的风险可以可以归纳为信用风险、技术风险、市场风险和技术服务风险等四类，其中管理风险贯穿于该四类风险之中。值得注意的是，市场风险属于拟外生性风险，项目执行者只能控制其中的内生性风险部分。基于此，本章从内生性风险的角度，首先探讨了影响新兴技术项目成败的主要风险要素；然后，对新兴技术项目的风险特征进行了刻画和分析；最后，根据上述四类风险特征，并援用助偏序空间结构理论，构建了新兴技术项目的四维风险特征空间和新兴技术项目的风险特征模型。

需要指出的是，该四类风险通常发生在新兴技术项目的不同阶段，按照风险出现的时间顺序，项目首先面临的是信用风险，在项目研发阶段面临的是技术风险，而市场风险和技术服务风险是项目商业化阶段所面临的风险。以下各章正是按照此顺序展开，本章的研究结果是以下各章的基础。

4 新兴技术项目信用风险的测度方法

　　随着经济的发展与社会的进步，信用逐渐成为现代社会经济中不可或缺的重要一环。从定义上而言，信用风险主要指由于交易对手的种种原因，客观上没有能力履行合约或者主观上不愿意履行合约而导致合约对方遭受损失的可能性。新兴技术项目企业获得新兴技术项目的立项及项目经费拨款后，不仅需要新兴技术项目的承担企业（即新兴技术项目企业）具有良好的履约能力，而且常常需要从银行等金融机构获得进一步的融资①，以获得项目研发和产品开发所需的持续资金。因此，新兴技术项目企业的信用风险水平将直接影响新兴技术项目的成败。如前所述，新兴技术项目的信用风险是指新兴技术项目企业的信用风险。对于新兴技术项目的管理机构而言，客观地对新兴技术项目企业的信用风险进行评估，掌握新兴技术项目企业的信用风险状况，是识别新兴技术项目企业是否具有良好的履约能力以及银行等金融机构是否愿意对新兴技术项目提供持续金融支持的重要依据。对于新兴技术项目企业自身而言，正确认识自身的信用风险，不仅是履约和融资的必要基础，也是企业

---

　　① 新兴技术项目不仅资金需求大，而且常常需要不断地融资和偿债以满足项目对资金的持续需求。

自身风险管理的重要内容。

　　经过多年的发展，信用风险评估模型已经日趋成熟。如前所述，常用的信用风险评估模型包括 Credit Metrics、Credit Risk+、KMV 模型，以及多目标决策方法、非参数统计方法、神经网络方法，等等（详见 2.2.3 节）。模糊聚类分析属于非参数统计方法，在测度企业信用风险时具有良好的效果，尤其是在总体分布函数无法确切了解的情况下。目前，应用模糊聚类方法针对研究对象进行分类后，一般不再做进一步的优劣评级，而且在评级分析过程中，所有的指标将被统一默认为效益指标。因此，当存在两组或以上不同信用风险等级的新兴技术项目企业时，如果直接套用现有的方法进行聚类后，同一新兴技术项目企业可能得到不同的评级结果。这种现象在组内对象个数较少的情形下尤为明显，因此，在测度新兴技术项目企业信用风险时，现有的聚类方法可能会失去客观性。另外，由于新兴技术项目企业通常处于成长期或者初次置身于新兴技术项目产品的市场，其信用风险的指标数据通常可能不完整，而且存在较大的波动性，因此，需要建立对应的参照样本系。参照样本系是指基于信用风险的波动性，预先设置每级分类中各属性的理想值，将其作为测度对象的聚类标准值。

　　本章的结构安排如下：4.1 节提出测度新兴技术项目企业信用风险的改进模糊 ISODATA 聚类算法（IF－ISODATA 聚类算法）；4.2 节通过对两类方法的集成，给出测度新兴技术项目企业信用风险的实施步骤；4.3 节针对目前国内 10 家已上市的新兴技术项目企业，应用集成粗糙集和改进的模糊聚类算法进行实证测评；4.4 节是本章小结。

4.1　改进的模糊 ISODATA 聚类算法（IF-ISODATA 聚类算法）

模糊 ISODATA 聚类算法是一种经典的模糊聚类迭代自组织数据分析算法。该算法首先确定具体的分类数和初始模糊分类矩阵；然后，通过迭代算法求得最佳模糊分类矩阵与最佳聚类中心矩阵；最后，在此基础上对研究对象进行聚类分析。值得一提的是，初始模糊分类矩阵需要经过严格谨慎的选取过程，如若不然，则会在迭代过程中出现失真。另外，该算法不能识别各分类之间是否满足期望的分类距离，只能按预先设定的分类标准将对象聚类。由于一些新兴技术项目企业的信用风险数据不完整，因此，对这些新兴技术项目企业信用风险的评估，不能直接套用传统的模糊 ISODATA 聚类算法。

为了改善上述不利情况，本章引入"参照样本系"，并将参照样本系与待评估的新兴技术项目企业样本作为一个集合来进行聚类，提出了改进的模糊 ISODATA 聚类算法（IF-ISODATA 聚类算法），具体有下列七个步骤：

第一，建立原始特性指标矩阵。采集所有待评估的新兴技术项目企业与参照样本企业的特征属性值，例如，用 u_{ij}^* 表示第 i 个新兴技术项目企业的第 j 个特征属性指标（ $i = 1, 2, \cdots, n$; $j = 1, 2, \cdots, m$ ），则可得到由特征属性指标构成的原始特征属性指标矩阵 U^* 。

第二，对原始特征属性指标矩阵 U^* 进行数据规范化处理。可以采用极差方法对 U^* 中的数据进行规范化处理，得到相应规范化后的特征属性指标矩阵 U 。具体方法是：对原始特征属性指标矩阵 U^* 的第 j 列，作如下变换：

$$u_{ij} = \frac{u_{ij}^* - m_j}{M_j - m_j} \qquad\qquad (4-1)$$

其中，$M_j = \max(u_{1j}^*, u_{2j}^*, \cdots u_{nj}^*)$，$m_j = \min(u_{1j}^*,$ $u_{2j}^*, \cdots u_{nj}^*)$。

第三，设定初始聚类中心矩阵。依据参照样本系设定的初始聚类中心矩阵 $V^{(0)}$，进行逐步迭代，得到 $V^{(l)}$，$l = 0$，1，2，$\cdots$，L。

第四，针对 $V^{(l)}$，得出模糊分类矩阵 $R^{(l)}$，矩阵 $R^{(l)}$ 的元素为：

$$r_{ik}^{(l)} = \left[\sum_{j=1}^{c} \left(\frac{\| u_k - V_i^{(L)} \|}{\| u_k - V_j^{(l)} \|} \right) \right]^{-2} \qquad\qquad (4-2)$$

其中 c 为分类的个数，$\| \cdot \|$ 为 Euclid 距离，即 $\| u_k - V_i \|$ $= (\sum_{}^{m} (u_{kj} - v_{ij})^2)^{1/2}$。

第五，针对 $R^{(l)}$，修正聚类中心矩阵 $V^{l+1} = (V_1^{(l+1)}, V_2^{(l+1)},$ $\cdots V_c^{(l+1)})^T$，其中，

$$V_i^{(l+1)} = \frac{\sum_{k=1}^{n} (r_{ij}^{(l)})^2 u_k}{\sum_{k=1}^{n} (r_{ij}^{(l)})^2} \qquad\qquad (4-3)$$

第六，重复第二步，并将 $R^{(l)}$ 与 $R^{(l+1)}$ 进行比较，如果对于预先设定的精度 $\varepsilon > 0$ 有 $\max \{ r_{ik}^{(l)} - r_{ik}^{(l+1)} \} \leq \varepsilon$ 成立，则 $R^{(l+1)}$ 和 $V^{(l+1)}$ 即为所求的最佳模糊分类矩阵和最佳聚类中心矩阵，迭代停止；否则，令 $l = l + 1$，返回到第三步，重复进行直至满足条件。

第七，模糊聚类。在求出满足要求的最佳模糊分类矩阵和最佳聚类中心矩阵之后，利用其即可进行聚类分析。

本章提出的最佳聚类中心矩阵判别原则是：如果求得的最佳聚类中心矩阵为

$$V^* = (V_1^*, \ V_2^*, \ \cdots V_c^*)^T, \ \forall_{u_k} \in U \qquad\qquad (4\text{-}4)$$

当 $\| u_k - V_i^* \| = \min\limits_{1 \leqslant j \leqslant c} \| u_k - V_j^* \|$ 时，则将待评估的新兴技术项目承担企业 k 归于第 i 类。

4.2 集成粗糙集和 IF-ISODATA 聚类算法的评估步骤

4.2.1 粗糙集的基本概念

粗糙集（Rough Set，简称 RS）理论[①]是由波兰学者 Pawlak Z. 在 1982 年提出的。RS 理论的应用领域非常广泛，从最初计算机科学领域的机器学习、模式识别、专家系统、图像处理等，发展到目前的工程技术领域的故障诊断、控制策略，经济和商业领域的市场分析、股票数据分析，以及生物医学领域的医疗诊断、DNA 数据分析、全球气候分析、决策支持、预测建模，等等。基于 RS 理论的属性约简算法不需提供问题所需处理的数据集合之外的任何先验信息，仅根据观测数据删除冗余信息，通过分析知识的不完整程度，生成分类或决策规则，并利用分类规则对指标进行精简，因此，该方法是一种处理不确定和模糊数据的有效工具。

4.2.2 粗糙集和 IF-ISODATA 模糊聚类的集成算法

在对新兴技术项目企业进行信用风险评估时，首先需要对评估指标进行筛选，在指标筛选的基础上，采用集成粗糙集和

---

① 粗糙集理论（即 RS 理论）是继概率论、模糊集、证据理论之后的又一个处理不确定性的数学工具，是当前人工智能理论及其应用领域中的研究热点之一。

IF-ISODATA 聚类算法对新兴技术项目企业的信用风险进行分类和评级。下面首先对基于粗糙集理论的属性约简方法和 IF-ISO-DATA 聚类算法进行集成；然后，采用该集成算法对新兴技术项目企业的信用风险进行分类和评级。具体步骤如下：

第一，建立初始评估指标集和待评估的新兴技术项目企业样本集。设 $P = (p_1, p_2, \cdots, p_m)$ 为指标集，$X = (x_1, x_2, \cdots, x_n)$ 为样本集，记 a_{ij} 为样本 i 的第 j 个评估指标的取值。

第二，将数据 a_{ij} 离散化。

第三，应用粗糙集理论中的约简方法对指标集进行属性约简。

第四，建立参照样本系，构造初始聚类中心矩阵 $V^{(0)}$。

第五，将参照样本系加入待评估的新兴技术项目企业样本集，采用上述 IF-ISODATA 聚类算法对全部样本进行聚类，进而实现对新兴技术项目企业信用风险的分类和评级。

4.3 示例分析

以下应用本章建立的集成粗糙集和 IF-ISODATA 聚类算法对国内某十家已上市的新兴技术项目企业（分别记为 A、B、C、D、E、F、G、H、I 和 J）的信用风险进行测度。

首先，建立新兴技术项目企业的信用风险测度的指标体系。循序系统性、科学性、客观性以及定量和定性相结合的原则进行初始指标的选取，参考新兴技术项目企业信用风险评估指标体系，并结合新兴技术项目企业的特点，初选出 4 个一级指标和 15 个二级指标（如表 4-1 所示）。

表 4-1　新兴技术项目企业信用风险的初始测度指标

	一级指标	二级指标
信用风险测度初始指标	财务效益状况指标（P_1）	净资产收益率（P_{11}）
		总资产报酬率（P_{12}）
		资本保值增值率（P_{13}）
		主营业务利润率（P_{14}）
	资产营运状况指标（P_2）	总资产周转率（P_{21}）
		流动资产周转率（P_{22}）
		存货周转率（P_{23}）
		应收账款周转率（P_{24}）
	偿债能力状况指标（P_3）	资产负债率（P_{31}）
		速动比率（P_{32}）
		现金流动负债比率（P_{33}）
	发展能力状况指标（P_4）	销售增长率（P_{41}）
		资本积累率（P_{42}）
		资本平均增长率（P_{43}）
		技术研发水平和创新能力（P_{44}）

上述数据均来源于国内某十家已上市的新兴技术项目企业，其中，新兴技术项目的研发水平（P_{44}）是根据这些企业的新技术研发水平和创新能力，由相关专家打分得到，其余指标数据来自该十家企业的年度报表。

其次，将评估指标数据进行离散化处理。利用 Rosetta 软件即可实现对指标数据的离散化处理。

再次，应用粗糙集的约简方法对初始指标的属性进行约简。本章利用粗糙集约简的 Rosetta 软件对 15 个初始指标进行属性约简，得出的约简结果记为 U，通过分析得到总资产报酬率等八个指标是冗余属性，剔除冗余指标后得到的新兴技术项目企业信用风险的测度指标及指标的模拟数据（如表 4-2 所示。）

表 4-2　新兴技术项目企业信用风险的
测度指标及指标的模拟数据

	财务效益状况		资产营运状况		偿债能力状况	发展能力状况	
	总资产报酬率 P_{12}	主营业务利润率 P_{14}	总资产周转率 P_{21}	应收账款周转率 P_{24}	现金流动负债比率 P_{33}	销售增长率 P_{41}	新技术研发水平与创新能力 P_{44}
A	0.085	0.234	0.562	2.455	0.085	0.077	1
B	0.134	0.199	0.243	0.142	0.563	0.001	1
C	0.572	0.345	1.365	2.458	0.428	0.052	0
D	0.102	0.313	0.341	2.336	0.225	0.002	1
E	0.878	0.255	0.785	0.183	0.372	0.001	2
F	0.172	0.444	0.759	2.225	0.278	0.089	2
G	0.074	0.755	0.378	3.376	2.064	0.002	1
H	0.254	0.001	0.566	0.904	0.010	0.001	0
I	0.052	0.58	0.567	2.761	0.899	0.001	0
J	0.029	-0.226	0.001	0.005	0.039	-0.87	1

其中，对于新技术研发水平与创新能力（P44），限定专家的打分值为 0~3 分，专家根据企业有无自主产权的专利技术、新兴技术的成熟度以及实施情况（是否已产生市场效益）三者进行综合打分。专家打分的标准是：三者均差记 0 分，二者差记 1 分，一者差记 2 分，三者均好记 3 分。

最后，参照当前商业银行的五级信用等级标准以及新兴技术项目企业中 IT 企业的信用评级标准，分别建立了五级参照样本系，分别记为 R_1、R_2、R_3、R_4 和 R_5，并作为五级信用等级的聚类中心（如表4-3所示）。其中，R_1 是最高信用等级 V（最低信用风险）的"参照样本"，…，R_5 是最低信用等级 I（最高信用风险）的"参照样本"。

表4-3　　　　　各信用等级的聚类中心矩阵

信用等级	P_{12}	P_{14}	P_{21}	P_{24}	P_{33}	P_{41}	P_{44}
I（R_5）	-0.075	-0.202	0.092	1.685	-0.004	-0.134	1.055
II（R_4）	-0.002	-0.080	0.308	2.753	0.011	-0.002	1.317
III（R_3）	0.005	0.080	0.522	3.529	0.209	0.067	2.004
IV（R_2）	0.040	0.187	0.707	5.133	0.396	0.113	2.358
V（R_1）	0.105	0.358	0.803	7.121	0.661	0.298	2.887

根据最佳聚类中心矩阵判别原则，得到如表4-4所示的分类结果：

表4-4　　　　　　　　评级结果

信用等级	新兴技术企业
I	B　G　J　R_5
II	A　D　R_4
III	C　E　I　H　R_3
IV	F　R_2
V	R_1

在本例中，如果不引入参照样本系，仅应用传统的模糊 ISODATA 聚类算法进行信用评级，则这十家新兴技术项目企业将被划分到上述五个信用等级中，且至少有一家企业会被划分到最高等级 V 上。但是，依据本章改进的模糊聚类算法，等级

V中只有预先设置的理想参照样本 R_1 保留在其中，各级聚类中心的七项属性值基本接近于参照样本中与之对应的属性值，且五个参照样本都分别归入了其本身所属的信用级别。因此，应用本章所提出的集成算法可以得到更加符合新兴技术项目企业实际情况的信用风险测度结果。

4.4 本章小结

由于新兴技术项目承担企业的履约和融资能力是新兴技术项目信用风险水平的直接体现，因此，新兴技术项目企业的信用风险水平不仅会影响新兴技术项目的执行效果和可持续性，而且具有一票否决的特性。目前，国内外鲜见针对新兴技术项目企业信用风险评估方面的文献。鉴于此，本章首先根据新兴技术项目企业的特点，设置新兴技术项目企业的参照样本系；然后，对传统的模糊聚类方法进行改进，提出了一类集成算法，对新兴技术项目企业信用风险进行聚类评估，进而实现对新兴技术项目信用风险的测度；最后，选择了国内某十家新兴技术项目企业，应用粗糙集和改进模糊聚类算法（IF-ISODATA 聚类算法）的集成算法对这些新兴技术项目的信用风险进行测度。实例表明：本章所提出的 IF-ISODATA 聚类算法可以在一定程度上缓解传统模糊聚类方法在信用风险评估应用中所存在的客观性不足问题，因此，具有较好的推广价值。

5 新兴技术项目技术风险的测度方法

　　根据中国国情，本章提及的新兴技术项目的技术创新能力是指新兴技术项目的执行者通过自身努力攻克或突破新兴技术项目面临的技术难关，并完成新兴技术项目的商品化过程，获取商业利润的能力。提升技术创新能力是提高新兴技术项目的技术竞争力、降低技术风险的关键环节。为了揭示新兴技术项目的技术风险，本章通过对新兴技术项目技术创新能力的评价结果来测度新兴技术项目面临的技术风险。本章采用了熵值法对新兴技术项目的技术创新能力进行综合评价，与传统的评价方法比较，由于引入了"熵"的概念，极大程度上降低了决策的主观性和信息丢失的不足。

　　本章以国家统计局提出的衡量中国企业自主创新能力的四大指标为依据，结合新兴技术项目的特点，对指标进行部分调整，初选出体现新兴技术项目技术创新能力特点的评价指标体系。本章以 C 市新兴技术项目为实例，首先运用粗糙集属性约简剔除数据中存在的冗余成分，获得精简后的新兴技术项目的技术创新能力评价指标体系；然后，运用熵值法对 C 市新兴技术项目技术创新能力进行综合评价，由此测度新兴技术项目的技术风险；最后，对测度结果进行分析。本章的研究不仅为积极探索和寻求符合新兴技术项目实际的技术创新战略提供了依据，而且拓展了粗糙集和熵值法的应用范围。

本章的结构安排如下：5.1节介绍熵的相关知识；5.2节介绍信息熵和熵值法；5.3节对C市12个新兴技术项目的技术创新能力（技术风险）进行实证测评；5.4节是本章的小结。

5.1 熵的概念

"熵"是一个古老而又难懂的概念，它的踪迹已经遍布自然科学、社会科学乃至哲学的各个领域，是度量不确定性的最佳工具和尺度。"熵"源自希腊语，表示变化的容量，由1856年德国物理学家鲁道夫·尤利乌斯·埃马努埃尔·克劳修斯（Rudolf Julius Emanuel Clausius，1822年1月2日—1888年8月24日）创立。克劳修斯从热变换理论着手，在计算变换的"等价量"中揭示了熵。热力学用熵表示一个物质系统中能量衰竭程度的量度。克劳修斯认为既然熵与能类似，都是状态的函数，那么这两个概念在字形上也应该类似能的德文Energie，他就用Entropie表示熵。

路德维希·玻尔兹曼（Ludwig Edward Boltzmann，1844年2月20日—1906年9月5日）于1870年给出了熵的统计解释，并确立了公式$S=klnW$。他在分子运动论的基础上研究发现分子处于不同能级状态的个数的对数值应当与熵成正比。这一发现为熵提供了微观的物理图像，使人们加深了对熵的理解。热力学熵的研究不仅推动了热机效率的研究，而且经过亥姆霍兹吉布斯和麦克斯韦等人的努力，熵与其他的热力学函数的联系，以及熵如何用于判知化学反应的进行方向与程度等方面的研究都取得了重大进展。从此，熵跨出热力学领域进入了理论化学领域。

5.2 信息熵与熵值法

5.2.1 信息熵

信息论的创始人——克劳德·艾尔伍德·香农（Claude El-wood Shannon，1916 年 4 月 30 日—2001 年 2 月 26 日）把熵概念引入信息论中，把通信过程中信息源的信号的不确定性称为信息熵，把消除了多少不确定性称为信息。香农认为能否定义一个量，这个量在某种意义上能测度通信过程所产生的信息是多少，或者更理想一点，所产生的信息率是多少。他把信息量作为信息论的中心概念，在这样的思想指导下，他用马尔可夫过程的统计特征，即它的"熵"来表征信息的特性，给出了信息熵公式：

$$H = - k \sum p_i \log p_i \qquad\qquad (5-1)$$

其中，常数 k 有赖于度量单位的选择。式（5-1）用来描述选择和不确定性与随机事件的连带关系，从而解决了定量描述信息的难题。式（5-1）在信息论中起着重要的作用，它作为信息选择和不确定性的度量，H 的公式与统计力学中所谓熵的公式是一样的，这里的 H 就是玻尔兹曼著名的 H 定理中的 H。经过近 60 年的时间，信息熵仍在不断完善之中，它不仅被广泛应用于几乎所有学科，而且提出了将信息的量与质统一量度的理论，以及将概率熵概念移植到模糊集合上来定义非概率的模糊熵。在信息论的带动下，熵概念首先进入了概率论、通信和计算机领域。熵在现代动力系统和遍历理论中起着重要作用，同时在自然科学、社会科学、管理科学和决策论中也得到了广泛应用，而且经济、金融、信息和管理决策是熵学应用中最为重要的领域。

5.2.2 离散型分布的熵

信息量是信息论的中心概念，是量度信息的基本出发点，是把获得的信息看作用以消除不确定性的事物。因此，信息数量的大小，可以用被消除的不确定性的多少来表示，而随机事件不确定性的大小可以用概率分布函数来描述。例如，一个随机实验 A（随机事件），设它有 n 个可能的结局：a_1，a_2,…，a_n，每一结局出现的概率分别是 p_1，p_2,…，p_n，且满足以下条件：

$$0 \leqslant p_i \leqslant 1(i = 1, 2,\dots n) \text{ 及 } \sum_{i=1}^{n} p_i = 1 \qquad (5-2)$$

对于随机事件，其主要性质是：对事件的出现与否没有完全把握，当进行和这些事件有关的多次实验时，它们的出现与否具有一定的不确定性。概率实验先验地含有的这个不确定性，本质上是和该实验可能结局的概率分布有关。为了量度概率实验 A 先验地含有的不确定性，香农引入函数：

$$H_n = H(p_1, p_2,\dots p_n) = -k \sum p_i \ln p_i \qquad (5-3)$$

作为随机实验 A 实验结果不确定性的量度，式中 k 是一个大于零的恒量，因此，$H_n \geqslant 0$。量 H_n 叫作信息熵或者香农熵。它的含义是，在实验进行之前，它是实验结果不确定性的量度；在实验完成之后，这是我们从实验中所得到的信息的量度信息量。事实上，在实验中如果只有一个等于零，而其余的都不等于零，则 $H_n = 0$，因为这时可以对实验结果做出确定性的预言，而不存在任何不确定性；反之，如果事先对实验结果一无所知，则所有的 p_i 相等，此时 H_n 取极大值：

$$(H_n)_{\max} = k \ln n \qquad (5-4)$$

上面定义的信息熵是一个独立于热力学熵的概念，但具有热力学熵的基本性质（单值性、可加性和极值性），且与热力学熵相比，信息熵具有更为广泛和普遍的意义，因此又称为广义熵。

5.2.3 连续型分布的熵

设信息源 x 和 y 发送信号的信息量具有连续分布的密度函数 $p(x)$ 和 $q(y)$，联合密度函数为 $f(x, y)$，则熵值

$$H(x) = -\int_{-\infty}^{+\infty} p(x) \log p(x) \, dx \qquad (5-5)$$

$$H(y) = -\int_{-\infty}^{+\infty} q(y) \log q(y) \, dy \qquad (5-6)$$

被称为信息源或信息熵。它们表示其不确定性的信息量。相应的联合熵为：

$$H(xy) = -\iint f(x, y) \log f(x, y) \, dxdy \qquad (5-7)$$

条件熵为：

$$H_x(y) = H(y/x) = -\iint f(x, y) \log \frac{f(x, y)}{p(x)} dxdy \qquad (5-8)$$

$$H_y(x) = H(x/y) = -\iint f(x, y) \log \frac{f(x, y)}{q(x)} dxdy \qquad (5-9)$$

它们具有如下性质：

①当 x 在有限集合 S 中均匀分布时的熵最大。例如，$p(x)$ 是在 $[a, b] \in R$ 上均匀分布，此时熵达到最大值 $\log(b - a)$ 。

②对于密度函数 $p(x)$，当 $x \leqslant 0$ 时 $p(x)$ 等于 0，且均值为 a，则指数分布

$$p(x) = \frac{e^{-x/a}}{a} \qquad (5-10)$$

达到最大熵。

③当一维密度函数 $P(x)$ 服从正态分布，且方差为 σ^2 时熵

最大，最大值为

$$\ln \sqrt{2\pi e}\, \sigma \qquad (5-11)$$

④ $H(xy) = H(x) + H(y/x) = H(y) + H(x/y)$ $(5-12)$

$H(y/x) \leq H(y)$ ，$H(xy) \leq H(x) + H(y)$ $(5-13)$

当且仅当 x 与 y 独立时，等号成立。

5.2.4 熵值法

表示重要程度最直接和简便的方法是给各指标赋予权重系数。依据熵的思想，熵可以度量信息量的多少，并可以进一步度量所获取的数据的有用信息量。熵值法就是采用熵权给指标赋权，然后分别把待评对象对应的各指标权重与它的各指标概率相乘，得出综合评价值。例如，饶扬德（2004）运用熵值法评价企业经营绩效。张献国（2005）和赵冬梅（2004）将熵权和专家的主观权重相结合，采用模糊综合评价法分别对信息系统安全风险和网络安全风险进行评价。

考虑由 m 个指标和 n 个评价对象组成规范化矩阵 $R = (r_{ij})_{m \times n}$，其中，$r_{ij} \in [0, 1]$。在标准化矩阵 R 中，第 i 个评价指标的熵定义为：

$$H = -k \sum_{j=1}^{n} f_{ij} \ln f_{ij} \qquad (5-14)$$

其中，$f_{ij} = \dfrac{r_{ij}}{\sum\limits_{i=1}^{m} r_{ij}}$，$k = 1/\ln n$。当 $f_{ij} = 0$ 时，令 $f_{ij} \ln f_{ij} = 0$。在 (m, n) 评价问题中，第 i 个指标的熵权 w_i 定义为：

$$w_i = \dfrac{1 - H_i}{m - \sum\limits_{i=1}^{m} H_i} \qquad (5-15)$$

其中，m 为指标的个数，$0 \leq w_i \leq 1$，且 $\sum\limits_{i=1}^{m} w_i = 1$。

由上述定义可以得到熵值法的性质：

①各被评价对象在指标 i 上的值完全相同时，熵值达到最大值 1，熵权为零。这也意味着该指标向决策者未提供任何有用信息，指标可以考虑被取消。

②当各被评价对象在指标 i 上的值相差越大、熵值越小、熵权越大，则说明该指标向决策者提供了有用的信息。同时还说明在该问题中，各对象在该指标上有明显差异，应重点考察。

③指标的熵值越大，其熵权越小，该指标越不重要，并满足 $0 \leq w_j \leq 1$，且 $\sum_{j=1}^{n} w_j = 1$。

④熵权有其特殊意义。它并没有评价问题中某指标的实际意义上的重要性系数，而是在给定被评价对象集合后各种评价指标值确定的情况下，各指标在竞争意义上的相对激烈程度系数。

⑤从信息角度考虑，它代表该指标在该问题中提供有用信息量的程度。

⑥熵权的大小与被评价对象有直接关系。当评价对象确定以后，再根据熵权对评价指标进行调整、增减，以利于做出更精确、可靠的评价，同时也可以利用熵权对某些指标评价值的精度进行调整，必要时，重新确定评价值和精度。

5.2.5　熵值法的计算步骤

（1）步骤 1：建立规范化矩阵

设 m 个评价指标，n 个待评对象，原始数据形成矩阵 $R = (r_{ij})_{m \times n}$，$r_{ij}$ 表示第 j 个对象对应第 i 个指标的指标值。

$$R = \begin{pmatrix} r_{11} & r_{12} \cdots & r_{1n} \\ \vdots & \ddots & \vdots \\ r_{m1} & r_{m2} \cdots & r_{mn} \end{pmatrix}$$

为了计算的合理性和方便性，对原始数据矩阵进行无量纲处理，得出

$$R' = \begin{pmatrix} r'_{11} & r'_{12} \cdots & r'_{1n} \\ \vdots & \ddots & \vdots \\ r'_{m1} & r'_{m2} \cdots & r'_{mn} \end{pmatrix}$$

其中，$\quad r'_{ij} = \dfrac{r_{ij} - \min\limits_{j}\{r_{ij}\}}{\max\limits_{j}\{r_{ij}\} - \min\limits_{j}\{r_{ij}\}}$，$r'_{ij} \in [0, 1]$ （5-16）

式中，$\max\limits_{j}\{r_{ij}\}$ 和 $\min\limits_{j}\{r_{ij}\}$ 分别表示同一指标的最大值和最小值。

（2）步骤 2：确定指标的熵值和熵权

熵的计算公式：

$$h_i = -k \sum_{j=1}^{n} p_{ij}\ln p_{ij} \quad (i = 1, 2, \cdots, m) \tag{5-17}$$

其中，h_i 代表第 i 个指标的熵，$k = 1/\ln n$。

把 r'_{ij} 转化为比重形式 p_{ij}，

$$p_{ij} = r'_{ij} \Big/ \sum_{j=1}^{n} r'_{ij} \tag{5-18}$$

当 $p_{ij} = 0$ 时，令 $p_{ij}\ln p_{ij} = 0$。则第 i 个指标的权重为

$$w_i = (1 - h_i) / (m - \sum_{i=1}^{m} h_i) \tag{5-19}$$

其中，m 为指标的个数，$0 \leqslant w_i \leqslant 1$，且 $\sum\limits_{i=1}^{m} w_i = 1$。

（3）步骤 3：综合测度

计算综合测度值 M_j：

$$M_j = \sum_{i=1}^{m} w_i r'_{ij} = (w_1, w_2, \cdots, w_m)(r'_{1j}, r'_{2j}, \cdots, r'_{mj})^T$$

$$\tag{5-20}$$

M_j 代表第 j 个待评对象的综合测度值。

5.3 示例分析

5.3.1 初选指标

本章依据指标选取的系统性、科学性、可操作性、客观性以及定量和定性相结合的原则，通过对 C 市新兴技术项目企业的调查和分析，从技术创新资源、技术创新活动、技术创新产出能力和技术创新环境四个方面，初选出新兴技术项目技术创新能力的评价指标体系，见表5-1。由于新兴技术项目技术创新能力的高低反映了新兴技术项目所面临的技术风险的大小，因此，本章以此指标体系作为初选的新兴技术项目技术风险的测度指标体系（如表5-1所示）。

表 5-1　初选的新兴技术项目技术风险的测度指标体系

目标层	一级指标	二级指标
新兴技术项目技术创新能力	技术创新资源 A_1	出口创汇占总收入比率 A_{11}
		项目产品销售收入占总收入比率 A_{12}
		项目工业增加值占总产值比率 A_{13}
		从事项目研发活动人员占总员工人数比率 A_{14}
		从事项目研发的科技人员占总员工人数比率 A_{15}
	技术创新活动能力 A_2	项目研发活动经费占产品销售收入比率 A_{21}
		项目经费投入占产品销售收入比率 A_{22}
	技术创新产出能力 A_3	拥有发明专利数量 A_{31}
		申请专利数量 A_{32}
		技术性收入占总收入比率 A_{33}
		项目产品销售收入占总销售收入比率 A_{34}
		项目产品纯收入占总销售收入比率 A_{35}
	技术创新环境 A_4	项目活动经费筹集占总经费比率 A_{41}

5.3.2 初选指标的筛选

上述指标包含了新兴技术项目技术创新能力的主要信息，但指标之间往往存在强相关性和重复性。本书采用属性约简中的数据分析方法和区分矩阵方法，对初选指标进行筛选，在保证评价结果不变的情况下找出最简、最佳的属性集，最终构建新兴技术项目技术风险的测度指标体系。

本章选择 C 市 12 个有代表性的新兴技术项目，这些新兴技术项目按照我国国民经济行业划分，涉及农业、采矿业、制造业、仓储物流、建筑业、交通运输、电力、地质勘查、批发和零售业、软件、租赁、公共设施 12 个行业。分别用 $I_i(i = 1, 2, \cdots, 12)$ 依次表示。初选指标和指标的原始模拟数据如表 5-2 所示。

表 5-2　　C 市新兴技术项目技术创新能力
测度指标及原始模拟数据

	I_1	I_2	I_3	I_4	I_5	I_6	I_7	I_8	I_9	I_{10}	I_{11}	I_{12}
A_{11}	5.59	0	6.93	0	0	0	1.43	0	0	50.97	0	0
A_{12}	91.63	70.58	93.10	42.09	58.63	74.45	69.74	45.02	82.10	11.34	70.78	91.26
A_{13}	12.57	15.25	28.24	70.69	13.72	44.23	25.99	15.17	26.73	21.54	17.36	47.73
A_{14}	30.37	29.76	17.54	6.71	9.11	83.33	49.28	57.23	8.04	24.90	53.17	92.59
A_{21}	18.10	9.52	9.28	5.56	0.72	76.19	28.56	40.96	2.45	8.41	29.76	54.32
A_{22}	4.02	25.18	5.54	0.68	5.35	18.69	16.58	14.54	1.45	33.76	10.51	47.50
A_{23}	1.90	3.17	2.77	0.68	3.69	18.69	6.21	10.17	0.01	7.38	1.88	18.56
A_{24}	12	4	964	0	22	0	56	1	2	73	7	0
A_{25}	6	0	580	0	3	0	33	0	2	58	2	0
A_{26}	0.15	28.92	2.04	57.64	11.66	18.69	17.94	4.32	0	88.04	22.32	0
A_{27}	7.78	0	23.62	4.55	0.02	0	9.92	12.62	0	11.27	17.41	0
A_{31}	89.98	99.93	71.09	96.03	44.18	0	64.61	67.52	59.23	98.03	7.26	0
A_{32}	55.70	50.69	73.60	60.77	52.20	50.00	57.96	54.47	0	94.28	50.89	51.63

（数据来源：C市科技统计年鉴）

由于技术创新资源和技术创新产出能力均包含五个二级指标，因此，需要分别对其二级指标进行约简。粗糙集中的属性约简算法和区分矩阵约简算法是两类常用的属性约简算法，以下将分别采用该两种算法对技术创新资源和技术创新产出能力的二级指标进行约简。

（1）采用属性约简算法对技术创新资源指标进行属性约简

属性约简算法是通过属性的逐个移去，移去后观察信息表进行约简。技术创新资源指标约简的具体操作如下：

第一步，属性值离散化。采用等频法对指标数据进行离散化，结果如表5-3所示。

表5-3　　　　　技术创新资源指标属性值离散化

	I_1	I_2	I_3	I_4	I_5	I_6	I_7	I_8	I_9	I_{10}	I_{11}	I_{12}
A_{11}	0	0	0	0	0	0	0	0	0	2	0	0
A_{12}	2	2	2	1	1	2	2	1	2	0	2	2
A_{13}	0	0	0	2	0	1	0	0	0	0	0	2
A_{14}	0	0	0	0	0	2	1	1	0	0	1	2
A_{15}	0	0	0	0	0	2	1	1	0	0	1	2

第二步，删除重复的属性条件。表5-3中发现属性A_{14}、A_{15}的属性值完全相同，删除其中一个属性条件不影响分类结果，则删除A_{14}。行业I_1、I_2、I_3和I_{10}、I_{11}不能分辨，分别保留其中一个，得出技术创新资源指标的简化表，如表5-4所示。

表5-4　　　　　技术创新资源指标简化表

	I_1	I_4	I_5	I_6	I_7	I_8	I_{10}	I_{12}
A_{11}	0	0	0	0	0	0	2	0
A_{12}	2	1	1	2	2	1	0	2

表5-4(续)

	I_1	I_4	I_5	I_6	I_7	I_8	I_{10}	I_{12}
A_{13}	0	2	0	1	0	0	0	2
A_{15}	0	0	0	2	1	1	0	2

第三步，属性值约简。论域 $U = \{I_1, I_4, I_5, I_6, I_7, I_8, I_{10}\}$，属性集 $R = \{A_{11}, A_{12}, A_{13}, A_{15}\}$；$U/\text{IND}(R) = \{\{I_1\} \{I_4\} \{I_5\} \{I_6\} \{I_7\} \{I_8\} \{I_{10}\} \{I_{12}\}\}$，$U/\text{IND}(R-\{A_{11}\}) = \{\{I_1\} \{I_4\} \{I_5\} \{I_6\} \{I_7\} \{I_8\} \{I_{10}\} \{I_{12}\}\}$ = IND (R)，去掉属性 A_{11} 不改变信息表的分类能力。同理可得，$U/\text{IND}(R-\{A_{12}\}) = \{\{I_1、I_4\} \{I_4\} \{I_5\} \{I_6\} \{I_7、I_8\} \{I_{10}\} \{I_{12}\}\} \neq \text{IND}(R)$，$A_{12}$ 是核心属性，不可约掉。$U/\text{IND}(R-\{A_{13}\}) = \{\{I_1\} \{I_4、I_5\} \{I_6、I_{12}\} \{I_6\} \{I_7\} \{I_{10}\}\} \neq \text{IND}(R)$，$A_{13}$ 也是核心属性。$U/\text{IND}(R-\{A_{15}\}) = \{\{I_1、I_6\} \{I_4\} \{I_5、I_6\} \{I_6\} \{I_9\} \{I_{12}\}\} \neq \text{IND}(R)$，$A_{15}$ 是核心属性，潜在技术创新资源指标的核心属性为 $\{A_{12}、A_{13}、A_{15}\}$，取 $\{A_{11}、A_{12}、A_{13}、A_{15}\}$ 为潜在技术创新资源的衡量指标。运用区分矩阵对潜在技术创新资源指标进行约简，得出相同的结果，从而验证了数据分析方法的正确性。取 $\{A_{11}、A_{12}、A_{13}、A_{15}\}$ 为潜在技术创新资源的衡量指标。

（2）采用区分矩阵约简算法对技术创新产出能力指标进行属性约简

区分矩阵约简算法的具体步骤如下：

第一步，属性值离散化。采用等频法对指标数据进行离散化，结果如表5-5所示。

表 5-5　　　　技术创新产出能力属性值离散化

	I_1	I_2	I_3	I_4	I_5	I_6	I_7	I_8	I_9	I_{10}	I_{11}	I_{12}
A_{31}	0	0	2	0	0	0	0	0	0	0	0	0
A_{32}	0	0	2	0	0	0	0	0	0	0	0	0
A_{33}	0	1	0	2	0	0	0	0	0	2	0	0
A_{34}	1	0	2	0	0	0	1	1	0	1	2	0
A_{35}	2	2	2	2	1	0	2	2	1	2	0	0

　　第二步，删除重复属性条件和不能分辨的对象。观察表4-5可以看出，A_{31}和A_{32}的属性值完全相同，保留其中一个。I_1、I_7与I_8不能分辨，I_5与I_8和I_6与I_{12}也不能分辨，分别保留其中的一个，得出技术创新产出能力指标的简化表（如表5-6所示）。

表 5-6　　　　技术创新产出能力指标的简化表

	I_1	I_2	I_3	I_4	I_5	I_6	I_9	I_{11}
A_{32}	0	0	2	0	0	0	0	0
A_{33}	0	1	0	2	0	0	2	0
A_{34}	1	0	2	0	0	0	1	2
A_{35}	2	2	2	2	1	0	2	0

　　第三步，建立区分矩阵，得出约简结果为 $\{A_{33}$、A_{34}、$A_{35}\}$，所以核心属性为 $\{A_{33}$、A_{34}、$A_{35}\}$。

$$
\begin{pmatrix}
A_{33}A_{34} & A_{32}A_{34} & A_{33}A_{34} & A_{33}A_{35} & A_{33}A_{35} & A_{33} & A_{34}A_{35} \\
& A_{32}A_{33}A_{34}A_{33} & & A_{33}A_{35} & A_{33}A_{35} & A_{33}A_{34} & A_{33}A_{34}A_{35} \\
& & A_{32}A_{33}A_{34} & A_{32}A_{34}A_{35} & A_{32}A_{33}A_{35} & A_{32}A_{33}A_{34} & A_{32}A_{35} \\
& & & A_{33}A_{35} & A_{33}A_{35} & A_{34} & A_{33}A_{34}A_{35} \\
& & & & A_{35} & A_{33}A_{34}A_{35} & A_{34}A_{35} \\
& & & & & A_{33}A_{34}A_{35} & A_{34} \\
& & & & & & A_{33}A_{34}A_{35}
\end{pmatrix}
$$

取 $\{A_{31}、A_{33}、A_{34}、A_{35}\}$ 为技术创新产出能力指标，以此类推，最后得到约简后的新兴技术项目技术创新能力测度指标体系（如表5-7所示）。

表5-7 约简后的新兴技术项目技术风险测度指标体系

目标层	一级指标	二级指标
新兴技术项目技术创新能力	技术创新资源 A_1	出口创汇占总收入比率 A_{11}
		项目产品销售收入占总收入比率 A_{12}
		项目增加值占总产值比率 A_{13}
		从事项目研发科技人员占总员工人数比率 A_{15}
	技术创新活动 A_2	项目活动经费占产品销售收入比率 A_{21}
		项目投入经费投入占产品销售收入比率 A_{22}
	技术创新产出能力 A_3	拥有发明专利数量 A_{31}
		项目技术性收入占总收入比率 A_{33}
		项目产品销售收入占总销售收入比率 A_{34}
		项目产品纯收入占总销售收入比率 A_{35}
	技术创新环境 A_4	项目活动经费筹集占总经费比率 A_{41}

比较表5-1和表5-7，可以看出删除的指标与现实相符。从事新兴技术项目的研发活动人员包括从事项目研发的科技人员，本章是测度项目的技术创新能力，从事研发的科技人员比从事项目研发的活动人员重要，去掉该指标是合理的。拥有发明专利数量较申请专利数量更能体现技术创新能力，因此，保留拥有发明专利数量指标更合理。

5.3.3 确定熵值、权重和综合评价

根据表4-7中指标在表5-2中的数据，有11个测度指标和

12 个项目对象，即 $m = 11$，$n = 12$，$k = 1/\ln12 = 0.402$。按照
5.2.5 节的步骤 1 和步骤 2，计算得出各指标的熵值和熵权，结
果如表 5-8 所示。

表 5-8   各指标的熵值和熵权

	A_{11}	A_{12}	A_{13}	A_{15}	A_{21}	A_{22}	A_{31}	A_{33}	A_{35}	A_{36}	A_{41}
h_i	0.294	0.948	0.785	0.816	0.834	0.815	0.262	0.733	0.734	0.878	0.957
w_i	0.240	0.018	0.073	0.063	0.056	0.063	0.251	0.091	0.090	0.041	0.015

由表 5-8 中的指标权重和式（5-19），计算出各项目对象
技术创新能力的综合测度值，结果如表 5-9 所示。

表 5-9   12 个新兴技术项目技术创新能力的综合测度值

项目	I_1	I_2	I_3	I_4	I_5	I_6	I_7	I_8	I_9	I_{10}	I_{11}	I_{12}
M_j	0.147	0.143	0.479	0.211	0.073	0.228	0.207	0.183	0.060	0.531	0.164	0.233

由上表可得出 C 市 12 个新兴技术项目技术创新能力的综合
排序：

$$I_{10} > I_3 > I_{12} > I_6 > I_4 > I_7 > I_8 > I_{11} > I_1 > I_2 > I_5 > I_9$$

$$(5-21)$$

其中，软件行业和制造行业中新兴技术项目的技术创新能
力最强，项目的技术风险最小。事实上，C 市政府对上述两个
行业的支持力度较大，为项目的研发营造了良好的创新环境和
条件，激发了其项目研发创新的积极性，提高了项目的研发水
平和经济效益，降低了项目实施的技术风险。公共设施、交通
运输、仓储物流的技术创新能力相对较强，技术创新资源和创
新环境都比较好，项目实施的技术风险相对较小，但值得注意
的是，这些项目的创新产出能力相对较差。建筑业和批发零售
业的政府支持力度相对小，主要靠内部自筹经费，创新环境和

创新积极性均较差，因此，建筑业和批发零售业项目的技术创新能力最差，项目的技术风险最大。由于新兴技术项目的技术风险越小，其技术创新能力越强，因此，将式（5-21）逆序排列，即可得到该 12 个新兴技术项目的技术风险从大到小的排序。

5.4 本章小结

由于企业的相关数据收集非常困难，但行业数据收集相对容易，并且行业的技术创新能力可以大致反映该行业内企业的技术创新能力的平均水平。因此，本节选择 CD 市 12 个代表性行业为测度对象，这些行业不同程度地实施了新兴技术项目。另一方面，由于新兴技术项目的核心竞争力体现在项目的技术创新水平上，因此，新兴技术项目的技术创新能力不仅可以刻画新兴技术项目的技术风险，而且具有可操作性。基于此，本章根据新兴技术项目技术创新能力评价结果对新兴技术项目的技术风险进行测度，并结合 C 市的实际情况，提出了初选的新兴技术项目技术风险测度指标体系；然后，分别运用粗糙集中的属性约简方法和区分矩阵法对初选的测度指标进行了约简；进一步地，运用熵值法对 C 市 12 个有代表性的新兴技术项目的技术创新能力进行示例分析。结果表明，软件行业和制造行业的新兴技术项目的技术创新能力最强，项目实施的技术风险最小，而建筑业和批发零售业的新兴技术项目的技术创新能力最差，项目实施的技术风险最大。本章的研究不仅得出了各指标对评价新兴技术项目的技术创新能力的相对重要性，而且得出了 C 市 12 个有代表性的新兴技术项目的技术创新能力的排序，由此识别出该 12 个新兴技术项目技术风险的大小。

6 新兴技术项目市场风险的测度方法

由于新兴技术项目产品的市场扩散和集聚效应是新兴技术项目产品市场成败的标识，因此，可以通过对新兴技术项目产品的市场扩散和集聚效应的度量来测度新兴技术项目面临的市场风险。本章应用交叉熵测度技术度量新兴技术项目产品的市场扩散能力与空间分布，由此对新兴技术项目产品的市场风险进行测度。关于熵的一般概念及相关理论的介绍可参看相关的文献，本章不再赘述。

本章的结构安排如下：6.1 节介绍交叉熵测度的相关概念；6.2 节应用交叉熵测度技术并结合嵌入小世界网络的元胞自动机，提出新兴技术项目产品市场扩散分布的模拟方法；6.3 节针对具体的新兴技术项目产品进行应用分析；6.4 节是本章小结。

6.1 交叉熵（Cross-Entropy）测度

6.1.1 交叉熵的原理

Jaynes（1957）通过设置恰当的约束，将香农熵的目标最大化导出一个概率分布。这个结果就是著名的 Jaynes 的极大熵原理（Maximum Entropy Principle）。

$$\max: S(p) = -\sum_i P(x_i) \log P(x_i) \qquad (6-1)$$

$$\sum_i \varphi(x_i) P(x_i) = \mu_k$$

$$\sum_i P(x_i) = 1$$

$$P(x_i) \geq 0$$

式中，$P(x_i)$ 是分布的概率；$\varphi(x_i)$ 是 x_i 的函数；μ_k 是常数，k = 1，2，…，n。

极大熵原理可以看成是拉普拉斯"充足理由律"重要的发展。该定律认为，如果我们处于对随机事件一无所知的场合，可以假设它服从均匀分布。这一点也成为本章运用交叉熵测度选定基准分布的依据。

在此基础上，Kullback（1959）提出极小熵原理（也称交叉熵原理）和 Kullback-Leibler 测度（简称 K-L 测度）。K-L 测度是纯数学概念，它定义了对两个概率分布之间距离的测度。对于两个完全相同的分布，其 K-L 测度为零。K-L 测度的表达式为：

$$CE(P \parallel Q) = \sum_i P_i \log \frac{P_i}{Q_i} \qquad (6-2)$$

这里，$CE(P \parallel Q)$ 表示两个分布 P_i 和 Q_i 的交叉熵距离。

交叉熵原理可以描述如下：如果已知随机变量 x 的先验概率密度 $Q(x)$，以及若干函数 $f_m(x)$，m = 1，2，…，M 的期望

$$\int_s P(x) f_m(x) dx = C_m, \quad m = 1, 2, \cdots, M$$

则对随机变量 x 的概率密度 $P(x)$ 的最佳估计，可表述为如下的约束优化问题

$$\min: CE(P \parallel Q) = \int_s P(x) \log \frac{P(x)}{Q(x)} dx \qquad (6-3)$$

$$\int_s P(x)f_m(x)dx = C_m, \quad m = 1, 2, \cdots, M$$

$$S.\ t.$$

$$\int_s P(x) = 1$$

的解：

$$\hat{P}(x) = Arg \min_{P(x)} CE(P \parallel Q) \qquad (6-4)$$

6.1.2 交叉熵的数学定义及性质

设 $\Omega = \{0, 1, 2, ...\}$，$x_i$，$y_i$ 是 Ω 上的两个概率测度。

（1）交叉熵的定义

设 x_i，$y_i \geq 0$，$i = 1, 2, \cdots, n$，且 $1 = \sum_{i=1}^n x_i \geq \sum_{i=1}^n y_i$，则称

$$CE(X \parallel Y) = \sum_i x_i \log \frac{x_i}{y_i} \geq 0 \qquad (6-5)$$

为 X 相对于 Y 的交叉熵，其中 $X = (x_1, x_2, \cdots x_n)^T$，$Y = (y_1, y_2, \cdots y_n)^T$。

交叉熵测度的原理：如果某一事件 A 发生的先验概率分布为 Y，后验概率分布为 X，根据信息熵理论，事件 A 发生的先验概率为 $\ln(1/yi) = -\ln yi$，后验概率为 $\ln(1/xi) = -\ln xi$，则两概率测度之间差异的期望即为 相对于 的交叉熵测度：

$$CE(X \parallel Y) = \sum x(-\ln y + \ln x) = \sum x \ln \frac{x}{y}$$

（2）交叉熵的性质

如果函数 $CE(X \parallel Y)$ 为 X 和 Y 的交叉熵，则满足以下性质：

① $\sum_i x_i \log \dfrac{x_i}{y_i} \geq 0$。

② $\sum_i x_i \log \dfrac{x_i}{y_i} = 0$，当且仅当 $x_i = y_i$，$\forall i$。

6.2 新兴技术项目产品市场扩散分布的模拟

6.2.1 小世界网络和元胞自动机

小世界网络（Milgrom，1967）是一种网络图，图中大部分节点彼此不直接相连，但经过几个其他的节点就可以连接。若小世界网络中的节点代表人，连线代表人与人认识，则小世界网络反映了陌生人通过彼此认识的人而连接起来的一种小世界现象。小世界网络的核心是满足六度分离原理（Six Degrees of Separation），所谓六度分离原理是指，网络中任何一个节点最多通过五个其他节点就可以连接到网络中任何其他节点。例如，在人际关系构成的小世界网络中，任何人最多通过五个人就可以认识其他的陌生人。在现实中，许多网络都以小世界网络作为模型。如社会网络、人际关系、新产品扩散、基因网络等都呈现出小世界网络的特征。

元胞自动机（Cellular Automaton）由冯·诺伊曼（Von Neumann）提出，以离散形式来描述一个动力系统的模拟演化过程。元胞自动机将任一观察对象划分为若干个等分，每一等分视为一个元胞。每一元胞根据自身和相邻元胞的状态，按照某种状态转移规则进行演化（任一元胞在 $t+1$ 时刻的状态由 t 时刻该元胞及相邻元胞的状态决定）。

6.2.2 交叉熵测度

由交叉熵的性质可知，当 X 和 Y 为两个离散分布时，交叉熵可以度量二者的符合程度。由此可见，交叉熵测度可以度量新兴技术项目产品扩散的空间分布差异，即在相同或相近销售量下新兴技术项目产品的不同扩散分布差异。

根据式（6-5），可以定义交叉熵测度如下：

$$CE(f_1 \parallel f_2) = \sum_i f_1(x_i) \log \frac{f_1(x_i)}{f_2(x_i)} \tag{6-6}$$

其中 $f_1(x_i)$ 表示新兴技术项目产品上市早期采用者的分布密度，$f_2(x_i)$ 为基准分布的概率密度，例如，可以取 $f_2(x_i)$ 为服从均匀分布的概率密度。

应用式（6-6）测度新兴技术项目产品的市场扩散能力，进而测度新兴技术项目的市场风险，可以称式（6-6）为新兴技术项目的市场风险特征函数。进一步地，可以采用交叉熵阈值（对应新兴技术项目产品销量的临界容量）作为划分新兴技术项目成败的临界点。

6.3 示例分析

本节以我国某城市新技术项目（移动 DVD）为例，采用嵌入小世界网络的元胞自动机模型，并结合交叉熵测度对项目新产品的市场扩散效应进行计算机模拟。结果表明，该方法可以很好地描述新产品采用者的分布特征，刻画新技术产品的市场扩散能力（集聚效应），由此测度该新产品的市场风险特征。

6.3.1 模拟过程

项目新产品正式上市前通常有试销期（月、季），当试销期结束时，新产品采用者称为初始元胞（或初始种子）。首先，根据试销期的销售数据可以模拟出考察区域内产品采用者的分布密度，得到初始元胞分布；然后，确定元胞之间的状态转换规则（嵌入小世界网络后，元胞之间的转换规则根据采用者的偏好特征和小世界网络的形成规则确定）；最后，采用元胞自动机模拟初始元胞向考察区域内其他元胞（相邻和非相邻元胞）的扩散情况。

如果新产品试销期结束时形成初始元胞分布，正式上市后的某一观察期末（月、季、半年）形成了新的元胞分布，采用交叉熵技术测度初始和期末元胞分布的差异程度，通过比较初始和期末的元胞分布，由此判断该新产品的市场扩散是否存在集聚效应。进一步地，根据观察期内新产品的实际销售情况，可以得到产品存在集聚效应的交叉熵阈值 CE_0，由此，对新产品上市后成功的可能性（市场风险）进行预测。

6.3.2　示例

本节选取某城市的五种品牌的移动 DVD 项目产品为研究对象，分别记为：1#产品、2#产品、3#产品、4#产品和5#产品。五种新产品初始元胞的模拟分布如图 6-1 所示。以 3#产品为例，其市场扩散的模拟结果如图 6-2 所示。显然，该产品具有明显的市场集聚效应，反映出该项目的市场风险较小。

何应龙、周宗放等（2010）对便携式电子类新产品的市场扩散情况进行了研究，认为市场扩散集聚效应的交叉熵阈值 CE_0 约为 0.3 比较合理，即当 $CE_0 \geq 0.3$ 时，可以认为该新产品是成功产品，市场风险很小。

值得注意的是，交叉熵阈值大小与新产品的性质和观察期选择有关：普适性越强，交叉熵阈值通常越大；专用性越强，交叉熵阈值通常越小。对新技术产品而言，观察期一般为半年（观察期越长，交叉熵阈值通常越大）。该方法可应用于对同类新产品的市场风险进行测度。

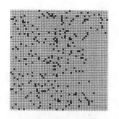

1#产品初始元胞窗

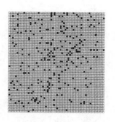

2#产品初始元胞窗

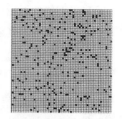

3#产品初始元胞窗

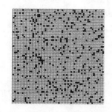

4#产品初始元胞窗

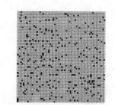

5#产品初始元胞窗

图 6-1　五种新产品初始元胞分布

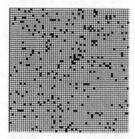

试销期结束（初始元胞分布）模拟

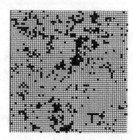

第一个月末的市场扩散模拟

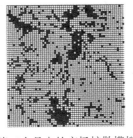 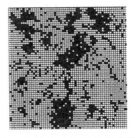

第三个月末的市场扩散模拟　　　　　第六个月末的市场扩散模拟

图 6-2　3#产品的市场扩散模拟结果

6.4　本章小结

　　本章根据新兴技术项目产品的市场扩散和集聚效应，对新兴技术项目面临的市场风险进行测度。本章首先介绍了交叉熵测度的概念与性质；其次，介绍了小世界网络、元胞自动机和交叉熵测度的概念；再次，采用嵌入小世界网络的元胞自动机模型，结合交叉熵测度，提出了度量新兴技术项目产品市场扩散分布的方法，由此测度新兴技术项目的市场风险；最后，针对具体的新兴技术项目产品，应用本章提出的方法对该产品的市场风险进行测度。结果表明，本章提出的方法不仅具有较好的普适性和有效性，而且可以方便地应用于各类新产品的市场风险测度，因此，本章提出的新兴技术项目产品的市场风险测度方法具有很强的理论和实用价值。

7 新兴技术项目技术服务风险的测度方法

　　随着我国市场经济体制的逐步建立，很多从事新兴技术项目研发和产品生产的厂商已经意识到良好的售后技术服务对新兴技术项目的成功和促进新兴技术项目企业可持续发展具有重要的作用。技术服务代理商的选择问题不仅是售后技术服务能否满足客户需要的关键所在，而且是新兴技术项目所面临的技术服务风险。目前，一些学者从不同角度探讨了服务代理商的评价体系，但是，某些技术含量高且贵重的新兴技术项目的产品（如用于大型的新兴技术项目建设、国防建设、航空航天的新兴技术设备或元器件等），则要求服务代理商不仅具有相应的技术能力，而且应该具有较强的综合实力①。目前关于这方面的研究文献还十分鲜见。这类服务代理商是新兴技术项目的 A 类技术服务代理商，具有与生产厂商进行战略合作的实力②。为了区分一般的服务代理商，本章简称这类技术服务代理商为 A 类技术服务代理商。

---

　　① 技术服务代理商如果不具备相应的技术能力将被一票否决，因此，本章重点讨论技术服务代理商的综合实力和服务能力。

　　② 战略合作是指合作双方出于长期共赢考虑，建立在共同利益基础上的深度的合作。

新兴技术项目产品的技术服务水平反映了新兴技术项目技术服务面临的风险，而新兴技术项目产品的技术服务水平与新兴技术项目服务代理商的质量直接相关。一般而言，技术服务代理商的质量包括两部分：技术服务代理商的综合实力和服务能力。其中，对综合实力的评价可以对技术服务代理商的相关财务数据进行定量的分析，而对服务能力的评价则主要依靠定性分析。基于此，本章结合文献的研究成果①，针对新兴技术项目企业，尤其是大型新兴技术元器件和设备生产企业的技术服务代理商的选择问题进行讨论，提出了 A 类技术服务代理商的评价和选择方法。在遵循系统、全面、灵活可操作和科学实用等原则的基础上，本章首先基于粗糙集的相关理论构建了 A 类技术服务代理商的定量化评价指标体系；其次，提出了基于模糊评价的 A 类技术服务代理商综合实力定量化评价方法；再次，本章采用模糊多属性决策方法，提出了 A 类技术服务代理商服务能力的定性化评价方法；最后，结合定量化和定性化评价结果，对 A 类技术服务代理商进行选择。显然，优良的 A 类技术服务代理商可以有效地降低新兴技术项目的技术服务风险，因此，A 类技术服务代理商的质量高低实际上揭示了新兴技术项目的技术服务风险的大小。

本章的结构安排如下：7.1 节构建了 A 类技术服务代理商的定量化评价指标体系；7.2 节提出了 A 类技术服务代理商综合实力的定量化评价方法；7.3 节提出了 A 类技术服务代理商服务能力的定性化评价方法；7.4 节结合定量化和定性化评价结果，对 A 类技术服务代理商进行综合评价；7.5 节是本章小结。

---

① 周宗放，等. 服务代理商选择与备件备品库存优化研究［M］. 北京：经济科学出版社，2011.

7.1 基于粗糙集的 A 类技术服务代理商定量化评价指标

指标体系实质上是一个信息集成系统，是反映某一社会经济现象基本情况的一系列有内在联系的指标组成的集合，并且可以从多个视角和层次反映社会经济现象的数量表现与数量关系。本节遵循指标选取的系统性、科学性、客观性、可比性及可操作性等原则，构建了 A 类技术服务代理商综合实力评价的定量指标体系①。具体的构建过程如下：首先，根据影响 A 类技术服务代理商综合实力的因素，对定量化评价指标进行初选；其次，在初选的评价指标中，指标并非同等重要，甚至其中一些指标可能是冗余的，因此，运用粗糙集属性约简中的相对重要性算法对初始指标进行约简，剔除冗余指标；最后，在指标约简的基础上得到更加科学合理的 A 类技术服务代理商综合实力的定量化评价指标体系。

7.1.1 定量化评价指标体系的构建原则

构建 A 类技术服务代理商综合实力的定量化评价指标体系应遵循以下基本原则：

（1）科学性原则

评价指标体系首先要建立在科学性的基础上，应能真实地、客观地反映 A 类服务代理商的综合实力。这就要求指标体系必

---

① 由于经营效益和财务能力可以在较大程度上反映服务代理商的综合实力，因此，本章涉及的定量化评价指标主要源于反映服务代理商的经营效益和财务状况的定量化指标。

须经过科学的筛选，防止指标简单的堆砌。

（2）系统性原则

除对技术能力的要求外，评价指标体系应当能够较完整地、全面地反映 A 类技术服务代理商的经营效益和财务能力，所以，选择的指标之间应具有功能互补性和内在的联系。

（3）客观性原则

评价指标体系要尽可能以客观的数据资料为依据，以原始数据的内在信息规律为依据，能够较客观地反映 A 类技术服务代理商的真实状况，同时，应尽量减少主观的评价过程，降低人为因素对评价结果的影响。

（4）功能性

评价服务代理商综合实力的指标很多，应该重点选择对 A 类技术服务代理商综合实力具有较大影响、指标功能性较强且具有足够代表性的综合指标和专业指标，能够较准确、简洁地反映应该涵盖的主要内容。

（5）独立性原则

评价指标之间必须具有良好的协调性，要尽量减少指标在概念上的重叠性和统计上的相关性，更不能出现严重的包含关系或重复关系，以确保各评价指标的相对独立性。

（6）可操作性原则

由于评价数据通常是不完备的，一些具有评价功能的指标数据可能无法获得，因此，在指标体系设计上，应尽量采用已有的经济统计数据，避免数据的随意推断和假设。

7.1.2 定量化评价指标的初选

如果新兴技术项目产品的技术复杂程度高，则维护成本一般较高，同时相应的备品备件也大都具有很高的价值，因此，A 类服务代理商除了具有相应的技术能力，也需要其具有较强的综合实力（主要包含经营效益和财务能力）。以下针对 A 类技术服务代理商评价的特点，遵循指标选取的科学性、系统性、客观性、功能性及可操作性等原则，初选出评价 A 类技术服务代理商综合实力的定量化指标①，从而提出初始的评价指标（如表7-1 所示）。

表 7-1 "A 类"技术服务代理商综合实力的初始评价指标

一级指标	二级指标	指标说明
偿债能力 X_1	流动比率 X_{11}	流动资产/流动负债
	速动比率 X_{12}	（流动资产 - 存货）/流动负债
	资产负债率 X_{13}	总负债/总资产
	利息保障倍数 X_{14}	税前利润/利息费用
获利能力 X_2	资产收益率（净利润）X_{21}	净利润/总资产
	销售净利率 X_{22}	净利润/销售收入
	股本报酬率 X_{23}	收益/股本
经营效率 X_3	存货周转率 X_{31}	销售收入/平均存货
	流动资产周转率 X_{32}	销售收入/流动资产
	总资产周转率 X_{33}	销售收入/总资产
发展潜力 X_4	净利润增长率 X_{41}	利润增量/年度利润
	销售增长率 X_{42}	收入增量/年度收入
	净资产增长率 X_{43}	净资产增量/净资产数

---

① 此处用经营性指标和财务性指标作为综合实力的评价指标。此综合实力的评价主要针对 A 类技术服务代理商，一般性服务代理商主要是从服务、信用、合作关系与协调能力等方面进行评价。

7.1.3 评价指标的筛选及权重计算

（1）指标的原始数据及其离散化

以下以某新兴技术项目产品的 15 家 A 类技术服务代理商（用 a，b，c，…，m，n，o 字母表示）为实证样本，用该 15 家 A 类技术服务代理商某一年经营性指标和财务性指标的模拟数据作为综合实力评价指标的原始数据，如表 7-2 所示。

表 7-2　　"A 类"技术服务代理商综合实力
初始评价指标的原始模拟数据表

服务代理商	X_{11}	X_{12}	X_{13}	X_{14}	X_{21}	X_{22}	X_{23}	X_{31}	X_{32}
a	0.803	1.090	0.753	32.960	0.173	0.034	1.270	6.630	1.170
b	0.731	0.976	0.590	2.700	0.069	0.074	0.118	4.900	0.742
c	0.572	1.070	0.638	11.550	0.088	0.055	0.203	2.957	0.818
d	0.886	1.520	0.568	10.84	0.087	0.034	0.528	5.386	1.160
e	1.890	2.290	0.320	0.076	0.014	0.285	0.058	7.234	0.434
f	0.962	1.150	0.711	5.090	0.370	0.181	62.710	5.740	0.385
g	1.540	2.200	0.557	12.59	0.219	0.113	0.994	3.600	0.747
h	0.691	0.824	0.869	99.900	−0.369	0.010	−0.228	6.249	0.009
i	0.179	0.656	0.513	3.180	−0.038	0.016	−0.062	3.930	0.676
j	1.500	1.560	0.350	0.295	0.327	0.161	0.668	38.010	1.140
k	0.142	0.218	0.941	3.160	−1.210	−0.196	−0.505	6.093	0.841
l	0.887	1.560	0.374	3.300	0.021	0.019	0.056	3.840	1.170
m	0.529	1.080	0.619	2.160	−0.205	−0.264	−0.465	1.950	0.110
n	0.485	0.607	0.553	2.850	0.028	0.675	0.017	2.570	0.256
o	0.498	0.627	0.989	8.920	−1.780	−0.163	−1.030	5.740	0.634

表 7-2（续）

服务代理商	X_{33}	X_{41}	X_{42}	X_{43}			
a	1.390	-0.341	0.107	0.145			
b	0.433	-0.016	0.068	-0.060			
c	0.591	3.470	0.027	0.108			
d	0.718	-0.555	-0.029	-0.148			
e	0.290	0.531	0.025	-0.064			
f	0.288	0.426	0.547	0.375			
g	0.567	-0.232	0.503	0.225			
h	0.009	0.011	-0.139	-0.305			
i	0.229	0.013	0.154	-0.037			
j	0.320	4.440	0.959	0.435			
k	0.182	2.920	-0.035	-0.778			
l	0.405	0.869	0.038	-0.335			
m	0.069	2.270	-0.014	-0.186			
n	0.053	-0.907	-0.397	-0.430			
o	0.366	-0.277	0.450	-0.942			

　　由于 RS 理论的属性约简算法只能对数据库中的离散属性进行处理，而绝大多数现实的数据库兼具离散属性和连续属性，所以在运用属性约简算法之前①，必须先将连续属性离散成有限个语义符号。

　　连续属性的离散化方法很多，不同的离散化方法会产生不同的离散化结果，但是任何一种离散化方法都应该尽可能满足以下两点原则：

　　①属性离散化以后的空间维数应该尽量小，也就是经过离

---

① 基于 RS 理论的属性约简算法可以参看相关文献。

散化以后的每一个属性都应该包含尽量少的属性值的种类。

②属性值被离散化以后丢失的信息应该尽量少。

常用的离散化方法包括等距离法、等频率法、最小信息熵法等。本节采用等距离法将表7-2中的数据进行离散化，其中，决策属性 D 表示该15家 A 类技术服务代理商的综合实力。数据离散化结果如表7-3所示。

表 7-3　　　　　　　　评价指标数据的离散化

服务代理商	X_{11}	X_{12}	X_{13}	X_{14}	X_{21}	X_{22}	X_{23}	X_{31}	X_{32}
a	1	1	2	2	2	1	2	2	2
b	1	1	1	1	1	1	1	1	1
c	1	1	1	2	1	1	1	0	1
d	0	1	1	2	1	1	2	1	2
e	2	2	0	0	1	2	1	2	0
f	1	1	2	1	2	2	2	1	0
g	2	2	1	2	2	2	2	0	1
h	1	1	2	0	1	0	2	0
i	0	0	1	1	0	1	0	0	1
j	2	2	0	0	2	2	2	2	2
k	0	0	2	1	0	0	0	2	0
l	1	2	0	1	1	0	1	0	2
m	0	1	1	0	0	0	0	0	0
n	0	0	1	0	1	2	1	0	0
o	0	0	2	2	0	0	0	1	1

表 7-3（续）

服务代理商	X_{33}	X_{41}	X_{42}	X_{43}	D			
a	2	0	1	1	2			
b	1	0	1	0	2			
c	2	2	1	1	2			
d	2	0	0	0	2			
e	1	1	1	0	2			
f	1	1	2	2	1			
g	2	0	2	1	1			
h	0	1	0	0	1			
i	1	1	1	0	1			
j	1	2	2	2	1			
k	0	2	0	0	0			
l	1	1	1	0	0			
m	0	2	0	0	0			
n	0	0	0	0	0			
o	1	0	2	0	0			

（2）评价指标的重要性程度

①偿债能力 X_1：

设 $U = \{a, b, c, d, e, f, g, h, i, j, k, l, m, n, o\}$ 代表该 15 家 A 类技术服务代理商，

$U/D = \{\{a, b, c, d, e\}, \{f, g, h, i, j\}, \{k, l, m, n, o\}\}$

$U/X_1 = \{\{a, h\}, \{b\}, \{c\}, \{d\}, \{e, j\}, \{f\}, \{g\},$

$\{i\}$, $\{k\}$, $\{l\}$, $\{m\}$, $\{n\}$, $\{o\}\}$

$POS_{X_1}(D) = U - \{a, e, h, j\}$

X_1 重要性程度： $\mu_1 = \dfrac{\left| POS_{X_1}(D) \right|}{\left| U \right|} = \dfrac{11}{15}$

$U / \{x_{12}, x_{13}, x_{14}\} = \{\{a, h\}$, $\{b\}$, $\{c, d\}$, $\{e, j\}$, $\{f\}$, $\{g\}$, $\{i\}$, $\{k\}$, $\{l\}$, $\{m\}$, $\{n\}$, $\{o\}\}$

$POS_{\{x_{12}, x_{13}, x_{14}\}}(D) = U - \{a, e, h, j\}$

X_{11} 重要性程度： $\mu_{11} = 1 - \dfrac{\left| POS_{\{x_{12}, x_{13}, x_{14}\}}(D) \right|}{\left| \left| POS_{X_1}(D) \right| \right|} = 1 - \dfrac{11}{11} = 0$

$U / \{x_{11}, x_{13}, x_{14}\} = \{\{a, h\}$, $\{b\}$, $\{c, d\}$, $\{e, j\}$, $\{f\}$, $\{g\}$, $\{i\}$, $\{k\}$, $\{l\}$, $\{m\}$, $\{n\}$, $\{o\}\}$

$POS_{\{x_{11}, x_{13}, x_{14}\}}(D) = U - \{a, e, h, j\}$

X_{12} 重要性程度： $\mu_{12} = 1 - \dfrac{\left| POS_{\{x_{11}, x_{13}, x_{14}\}}(D) \right|}{\left| \left| POS_{X_1}(D) \right| \right|} = 1 - \dfrac{11}{11} = 0$

$U / \{x_{11}, x_{12}, x_{14}\} = \{\{a, c, h\}$, $\{b, f\}$, $\{d\}$, $\{e, j\}$, $\{g\}$, $\{i, k\}$, $\{l\}$, $\{m\}$, $\{n\}$, $\{o\}\}$

$POS_{\{x_{11}, x_{12}, x_{14}\}}(D) = \{d, g, l, m, n, o\}$

X_{13} 重要性程度： $\mu_{13} = 1 - \dfrac{\left| POS_{\{x_{11}, x_{12}, x_{14}\}}(D) \right|}{\left| \left| POS_{X_1}(D) \right| \right|} = 1 - \dfrac{6}{11} = \dfrac{5}{11}$

$U / \{x_{11}, x_{12}, x_{13}\} = \{\{a, f, h\}$, $\{b, c\}$, $\{d, m\}$, $\{e, j\}$, $\{g\}$, $\{n, i\}$, $\{o, k\}$, $\{l\}\}$

$POS_{\{x_{11}, x_{12}, x_{13}\}}(D) = \{b, c, g, k, l, o\}$

X_{14} 重要性程度： $\mu_{14} = 1 - \dfrac{\left| POS_{\{x_{11}, x_{12}, x_{13}\}}(D) \right|}{\left| \left| POS_{X_1}(D) \right| \right|} = 1 - \dfrac{6}{11} = \dfrac{5}{11}$

②获利能力 X_2：

$U / D = \{\{a, b, c, d, e\}$, $\{f, g, h, i, j\}$, $\{k, l, m, n, o\}\}$

$U/X_2 = \{\{a\}, \{b, c\}, \{d\}, \{e, n\}, \{f, g, j\}, \{h, i\}, \{k, m, o\}, \{l\}\}$

$POS_{X_2}(D) = U - \{e, n\}$

X_2 重要性程度： $\mu_2 = \dfrac{\left| POS_{X_2}(D) \right|}{|U|} = \dfrac{13}{15}$

$U/\{x_{22}, x_{23}\} = \{\{a, d\}, \{b, c\}, \{e, n\}, \{f, g, j\}, \{h, i\}, \{k, m, o\}, \{l\}\}$

$POS_{\{x_{22}, x_{23}\}}(D) = U - \{e, n\}$

X_{21} 重要性程度： $\mu_{21} = 1 - \dfrac{\left| POS_{\{x_{22}, x_{23}\}}(D) \right|}{\left| \left| POS_{X_2}(D) \right| \right|} = 1 - \dfrac{13}{13} = 0$

$U/\{x_{21}, x_{23}\} = \{\{a, f, g, j\}, \{b, c, e, l, n\}, \{d\}, \{h, i, k, m, o\}\}$

$POS_{\{x_{21}, x_{23}\}}(D) = \{d\}$

X_{22} 重要性程度： $\mu_{22} = 1 - \dfrac{\left| POS_{\{x_{21}, x_{23}\}}(D) \right|}{\left| \left| POS_{X_2}(D) \right| \right|} = 1 - \dfrac{1}{13} = \dfrac{12}{13}$

$U/\{x_{21}, x_{22}\} = \{\{a\}, \{b, c, d\}, \{e, n\}, \{f, g, j\}, \{h, i\}, \{k, m, o\}, \{l\}\}$

$POS_{\{x_{21}, x_{22}\}}(D) = U - \{e, n\}$

X_{23} 重要性程度： $\mu_{23} = 1 - \dfrac{\left| POS_{\{x_{21}, x_{22}\}}(D) \right|}{\left| \left| POS_{X_2}(D) \right| \right|} = 1 - \dfrac{13}{13} = 0$

③经营效率 X_3：

$U/D = \{\{a, b, c, d, e\}, \{f, g, h, i, j\}, \{k, l, m, n, o\}\}$

$U/X_3 = \{\{a\}, \{b, o\}, \{c, g\}, \{d\}, \{e\}, \{f\}, \{h, k\}, \{i\}, \{j\}, \{l\}, \{m, n\}\}$

$POS_{X_3}(D) = U - \{b, o, c, g, h, k\}$

X_3 重要性程度： $\mu_3 = \dfrac{\left| POS_{X_3}(D) \right|}{|U|} = \dfrac{9}{15}$

$U/\{x_{32}, x_{33}\} = \{\{a, d\}, \{b, i, o\}, \{c, g\}, \{e, f\}, \{h, k, m, n\}, \{j, l\}\}$

$POS_{\{x_{32}, x_{33}\}}(D) = \{a, d\}$

X_{31}重要性程度：$\quad \mu_{31} = 1 - \dfrac{|POS_{\{x_{32}, x_{33}\}}(D)|}{||POS_{X_3}(D)||} = 1 - \dfrac{2}{9} = \dfrac{7}{9}$

$U/D = \{\{a, b, c, d, e\}, \{f, g, h, i, j\}, \{k, l, m, n, o\}\}$

$U/\{x_{31}, x_{33}\} = \{\{a\}, \{b, f, o\}, \{c, g\}, \{d\}, \{e, j\}, \{h, k\}, \{i, l\}, \{m, n\}\}$

$POS_{\{x_{31}, x_{33}\}}(D) = \{a, d, m, n\}$

X_{32}重要性程度：$\quad \mu_{32} = 1 - \dfrac{|POS_{\{x_{31}, x_{33}\}}(D)|}{||POS_{X_3}(D)||} = 1 - \dfrac{4}{9} = \dfrac{5}{9}$

$U/\{x_{31}, x_{32}\} = \{\{a, j\}, \{b, o\}, \{c, g, i\}, \{d\}, \{e, h, k\}, \{f\}, \{m, n\}, \{l\}\}$

$POS_{\{x_{31}, x_{32}\}}(D) = \{d, f, m, n, l\}$

X_{33}重要性程度：$\quad \mu_{33} = 1 - \dfrac{|POS_{\{x_{31}, x_{32}\}}(D)|}{||POS_{X_3}(D)||} = 1 - \dfrac{5}{9} = \dfrac{4}{9}$

④发展潜力 X_4：

$U/D = \{\{a, b, c, d, e\}, \{f, g, h, i, j\}, \{k, l, m, n, o\}\}$

$U/X_4 = \{\{a\}, \{b\}, \{c\}, \{d, n\}, \{e, i, l\}, \{f\}, \{g\}, \{h\}, \{j\}, \{k, m\}, \{o\}\}$

$POS_{X_4}(D) = U - \{d, n, e, i, l\}$

X_4 重要性程度：$\quad \mu_4 = \dfrac{|POS_{X_4}(D)|}{|U|} = \dfrac{10}{15}$

$U/\{x_{42}, x_{43}\} = \{\{a, c\}, \{b, e, i, l\}, \{d, h, k, m, n\}, \{f, j\}, \{g\}, \{o\}\}$

$POS_{\{x_{42}, x_{43}\}}(D) = \{a, c, f, j, g, o\}$

X_{41}重要性程度： $\mu_{41} = 1 - \dfrac{|POS_{\{x_{42}, x_{43}\}}(D)|}{||POS_{X_4}(D)||} = 1 - \dfrac{6}{10} = \dfrac{4}{10}$

$U/\{x_{41}, x_{43}\} = \{\{a, g\}, \{b, d, n, o\}, \{c\}, \{e, h, i, l\}, \{f\}, \{j\}, \{k, m\}\}$

$POS_{\{x_{41}, x_{43}\}}(D) = \{c, f, j, k, m\}$

X_{42}重要性程度： $\mu_{42} = 1 - \dfrac{|POS_{\{x_{41}, x_{43}\}}(D)|}{||POS_{X_4}(D)||} = 1 - \dfrac{5}{10} = \dfrac{5}{10}$

$U/\{x_{41}, x_{42}\} = \{\{a, b\}, \{c\}, \{d, n\}, \{e, i, l\}, \{f\}, \{g, o\}, \{h\}, \{j\}, \{k, m\}\}$

$POS_{\{x_{41}, x_{42}\}}(D) = \{a, b, c, f, h, j, k, m\}$

X_{43}重要性程度： $\mu_{43} = 1 - \dfrac{|POS_{\{x_{41}, x_{42}\}}(D)|}{||POS_{X_4}(D)||} = 1 - \dfrac{8}{10} = \dfrac{2}{10}$

（3）评价指标的筛选及权重计算

根据前面计算的评价指标重要性程度，得到定量化评价指标的重要性程度表，表7-4所示。

表7-4　　A类技术服务代理商综合实力
定量化评价指标的重要性程度

一级指标	二级指标	重要性程度
偿债能力 X_1	流动比率 X_{11}	0
	速动比率 X_{12}	0
	资产负债率 X_{13}	5/11
	利息保障倍数 X_{14}	5/11
获利能力 X_2	资产收益率（净利润）X_{21}	0
	销售净利率 X_{22}	12/13
	股本报酬率 X_{23}	0

表7-4(续)

一级指标	二级指标	重要性程度
经营效率 X_3	存货周转率 X_{31}	7/9
	流动资产周转率 X_{32}	5/9
	总资产周转率 X_{33}	4/9
发展潜力 X_4	净利润增长率 X_{41}	4/10
	销售增长率 X_{42}	5/10
	净资产增长率 X_{43}	2/10

根据表7-4，筛除重要性程度较低的指标：流动比率 X_{11}、速动比率 X_{12}、资产收益率 X_{21}、股本报酬率 X_{23} 及净资产增长率 X_{43}。

然后，利用加权归一化方法计算筛选后的评价指标权重值，加权归一化公式为：

$$\omega_i = \frac{\mu_j \mu_{ij}}{\sum\limits_{i,j} \mu_j \mu_{ij}} \quad (i = 1, 2, \cdots, k, \quad j = 1, 2, \cdots, n) \qquad (7\text{-}1)$$

其中，ω_i 表示第 i 个指标归一化以后的权重，u_{ij} 表示第 i 个指标所属的第 j 个一级指标的重要性程度，u_{ij} 表示第 i 个指标的重要性程度。利用以上公式得到：

$$w_1 = \frac{\left(\frac{11}{15} \times \frac{5}{11}\right)}{\left[\left(\frac{11}{15} \times \frac{5}{11}\right) + \cdots + \left(\frac{10}{15} \times \frac{5}{10}\right)\right]} = 0.106$$

$$\vdots$$

$$w_8 = \frac{\left(\frac{10}{15} \times \frac{5}{10}\right)}{\left[\left(\frac{11}{15} \times \frac{5}{11}\right) + \cdots + \left(\frac{10}{15} \times \frac{5}{10}\right)\right]} = 0.106$$

（4）A类技术服务代理商综合实力的定量化评价指标体系的构建

通过以上的计算结果，即构建出 A 类技术服务代理商综合实力的定量化评价指标体系，如表7-5所示。

表 7-5　　　　A 类技术服务代理商综合实力的
定量化评价指标体系

一级指标	二级指标	指标权重
偿债能力 X_1	资产负债率 X_{13}（逆向）	0.106
	利息保障倍数 X_{14}（正向）	0.106
获利能力 X_2	销售净利率 X_{22}（正向）	0.256
经营效率 X_3	存货周转率 X_{31}（正向）	0.150
	流动资产周转率 X_{32}（正向）	0.106
	总资产周转率 X_{33}（正向）	0.085
发展潜力 X_4	净利润增长率 X_{41}（正向）	0.085
	销售增长率 X_{42}（正向）	0.106

注：表中正向指标为效益型指标，权重越大越好；逆向指标为成本型指标，权重越小越好。

7.2　基于定量化指标的模糊综合评价

A类技术服务代理商的选择涉及多种因素的综合评价问题，由于 A 类技术服务代理商的综合实力往往受到各种不确定性因素的影响，因此，评价过程和结果往往具有一定的模糊性。另外，在评价过程中，如果评价者的感性认识影响过大或者评价方法的选择不够科学合理，都可能导致劣质的 A 类技术服务代理商进入企业的技术服务代理商库，甚至同其建立战略合作伙伴关系，由此增大了技术服务的风险。基于此，本节采用模糊综合评价方法对 A 类技术服务代理商的综合实力进行定量化评价。

7.2.1 模糊综合评价法的原理

模糊综合评价法（Fuzzy Comprehensive Evaluation Method）是一种基于模糊数学的综合评价方法。其基本原理是根据模糊数学的隶属度理论对受到多种因素制约的对象进行总体评价，适合解决各种非确定性问题。模糊综合评价过程如下：首先，定义评价对象的多个等级；其次，对评价指标的原始数据进行归一化处理；再次，确定指标的隶属函数；最后，计算加权隶属度，据此确定出评价对象的等级。

7.2.2 示例分析

根据 A 类技术服务代理商的特点和影响其综合实力的主要因素，基于定量化指标的模糊综合评价过程如下：

（1）定义 A 类技术服务代理商的综合实力等级

本节将综合实力分为五个等级，如表 7-6 所示。

表 7-6　　A 类技术服务代理商综合实力等级表

综合实力等级	等级含义
I	综合实力很好
II	综合实力较好
III	综合实力一般
IV	综合实力较差
V	综合实力差

（2）评价指标原始数据的归一化处理

以 7.1 节中的 15 个 A 类技术服务代理商作为待评价样本，结合表 7-1 和表 7-6，得到 A 类技术服务代理商综合实力的定量化评价指标的原始模拟数据，如表 7-7 所示。

表 7-7   A 类技术服务代理商综合实力的定量化
评价指标的原始模拟数据表

	X_{13}	X_{14}	X_{22}	X_{31}	X_{32}	X_{33}	X_{41}	X_{42}
a	0.753	32.960	0.034	6.630	1.170	1.390	-0.341	0.107
b	0.590	2.700	0.074	4.900	0.742	0.433	-0.016	0.068
c	0.638	11.550	0.055	2.957	0.818	0.591	3.470	0.027
d	0.568	10.840	0.034	5.386	1.160	0.718	-0.555	-0.029
e	0.320	0.076	0.285	7.234	0.434	0.290	0.531	0.025
f	0.711	5.090	0.181	5.740	0.385	0.288	0.426	0.547
g	0.557	12.590	0.113	3.600	0.747	0.567	-0.232	0.503
h	0.869	99.900	0.010	6.249	0.009	0.009	0.011	-0.139
i	0.513	3.180	0.016	3.930	0.676	0.229	0.013	0.154
j	0.350	0.295	0.161	38.010	1.140	0.320	4.440	0.959
k	0.941	3.160	-0.196	6.093	0.841	0.182	2.920	-0.035
l	0.374	3.300	0.019	3.840	1.170	0.405	0.869	0.038
m	0.619	2.160	-0.264	1.950	0.110	0.069	2.270	-0.014
n	0.553	2.850	0.675	2.570	0.256	0.053	-0.907	-0.397
o	0.989	8.920	-0.163	5.740	0.634	0.366	-0.277	0.450

为了消除各指标的量纲和统一各指标的变化范围和方向，需要对指标的原始数据进行归一化处理。其中，对正向型指标和逆向型指标，可以采用以下公式对原始数据进行归一化处理：

当指标类型为正向型（效益型）时，取

$$r_{ij}^{'} = \frac{r_{ij} - \min_{i}\{r_{ij}\}}{\max_{i}\{r_{ij}\} - \min_{i}\{r_{ij}\}} , r_{ij}^{'} \in [0, 1] \tag{7-2}$$

当指标类型为逆向型（成本型）时，取

$$r_{ij}^{'} = \frac{\max_{i}\{r_{ij}\} - r_{ij}}{\max_{i}\{r_{ij}\} - \min_{i}\{r_{ij}\}} , r_{ij}^{'} \in [0, 1] \qquad (7-3)$$

其中，$\max_{i}(r_{ij})$ 和 $\min_{i}(r_{ij})$ 分别表示第 j 个指标的最大值和最小值。

利用上述公式对原始指标数据归一化处理后的结果如表7-8所示。

表 7-8　　　　　　　归一化以后的指标数据

指标\服务代理商	X_{13}	X_{14}	X_{22}	X_{31}	X_{32}	X_{33}	X_{41}	X_{42}
a	0.353	0.329	0.317	0.129	1	1	0.105	0.371
b	0.596	0.026	0.359	0.081	0.631	0.307	0.166	0.342
c	0.525	0.115	0.339	0.027	0.696	0.421	0.818	0.312
d	0.629	0.108	0.317	0.095	0.991	0.513	0.065	0.271
e	1	0	0.584	0.146	0.366	0.203	0.268	0.311
f	0.416	0.050	0.473	0.105	0.323	0.202	0.249	0.696
g	0.646	0.125	0.401	0.045	0.635	0.404	0.126	0.663
h	0.179	1	0.291	0.119	0	0	0.171	0.190
i	0.712	0.031	0.298	0.054	0.574	0.159	0.172	0.406
j	0.955	0.002	0.452	1	0.974	0.225	1	1
k	0.072	0.031	0.072	0.115	0.716	0.125	0.715	0.266
l	0.919	0.032	0.301	0.052	1	0.286	0.332	0.320
m	0.553	0.021	0	0	0.086	0.043	0.594	0.282
n	0.652	0.028	1	0.017	0.212	0.031	0	0
o	0	0.086	0.107	0.105	0.538	0.258	0.117	0.624

（3）确定指标的隶属函数

为讨论方便，不妨设每一评价指标属于五个等级的隶属函数为模糊正态分布：

$$\mu v_i(x) = e^{-(x-c_i)^2} \quad (i = 1, 2, \cdots, 5) \qquad (7-4)$$

其中，x 为指标值，$\mu v_i(x)$ 为 x 对 v_i 等级的隶属度，c_i 为对 v_i

等级的隶属度 $\mu v_i(u) = 1$ 时的常数。每个等级的指标隶属函数如表 7-9 所示。

表 7-9　　　　　　　　每个等级的隶属函数

综合实力等级	等级含义	隶属函数
Ⅰ	很好	$\mu v(x) = e^{-(x-1)^2}$
Ⅱ	较好	$\mu v(x) = e^{-(x-0.8)^2}$
Ⅲ	一般	$\mu v(x) = e^{-(x-0.6)^2}$
Ⅳ	较差	$\mu v(x) = e^{-(x-0.4)^2}$
Ⅴ	差	$\mu v(x) = e^{-(x-0.2)^2}$

（4）计算加权隶属度，确定 A 类技术服务代理商综合实力的等级

首先，由表 7-9 中的隶属函数计算出每个 A 类技术服务代理商的每一指标所对应的不同等级的隶属度；然后，根据表 7-6 中的指标权重，计算每个 A 类技术服务代理商对应于不同等级的加权隶属度；最后，根据最大隶属度原则，确定"A 类"技术服务代理商综合实力的等级。计算结果如表7-10所示：

表 7-10　　　　　加权隶属度及综合实力等级表

等级＼服务代理商	Ⅰ	Ⅱ	Ⅲ	Ⅳ	Ⅴ	等级结果
a	0.668 643	0.794 197	0.884 546	0.921 937	0.897 458	Ⅳ
b	0.621 531	0.772 595	0.891 866	0.956 186	0.951 802	Ⅳ
c	0.862 299	0.901 099	0.802 313	0.746 289	0.723 816	Ⅱ
d	0.637 706	0.772 725	0.875 953	0.927 739	0.916 862	Ⅳ
e	0.664 282	0.794 688	0.908 869	0.828 725	0.805 631	Ⅲ
f	0.736 601	0.885 917	0.801 003	0.859 187	0.848 163	Ⅱ

表7-10(续)

等级 服务代理商	I	II	III	IV	V	等级 结果
g	0.668 469	0.807 688	0.907 803	0.949 365	0.923 932	IV
h	0.551 921	0.696 836	0.824 382	0.911 333	0.939 183	V
i	0.604 322	0.753 955	0.875 141	0.944 834	0.948 511	V
j	0.877 895	0.874 627	0.828 077	0.820 269	0.725 099	I
k	0.540 525	0.688 819	0.820 277	0.911 701	0.944 535	V
l	0.643 165	0.768 151	0.862 172	0.807 727	0.794 696	III
m	0.492 183	0.645 696	0.789 349	0.898 606	0.951 949	V
n	0.668 643	0.712 107	0.792 993	0.849 177	0.831 472	IV
o	0.621 531	0.928 329	0.827 973	0.925 387	0.961 169	V

从表7-10可以看出，在该15家A类技术服务代理商中，服务代理商j的综合实力很好，服务代理商c，f的综合实力较好，服务代理商e，l的综合实力一般，服务代理商a，b，d，g，n的综合实力较差，服务代理商h，i，k，m，o的综合实力差。以上评价结果在一定程度上为选择A类技术服务代理商，有效地控制技术服务风险提供了决策依据。

7.3 基于定性化指标的模糊多属性决策

前文基于定量化评价指标体系，对A类技术服务代理商的综合实力进行了定量化评价。由于服务能力是体现A类服务代理商质量的重要因素，并且主要依靠定性的分析，因此，如果定量化评价结果已达到要求时，则还应该结合主要的定性化评价指标对A类技术服务代理商的服务能力进行再评价。主要的定性化评价指标应包括：服务质量、技术能力、用户满意度、合作关系和协调组织能力五个方面。以下采用模糊多属性决策方法对 A 类技术服务代理商的服务能力进行定性化评价。

7.3.1　模糊多属性决策原理

记 A 类技术服务代理商 X_i 在评价属性 G_j 下的属性值为区间模糊数 $[x_{ij}{}^L,\ x_{ij}{}^R]$，评价属性 G_j 的权重不能完全确定，则区间模糊决策矩阵 X 为：

$$X = \begin{bmatrix} [x_{11}{}^L,\ x_{i11}{}^R] & [x_{12}{}^L,\ x_{12}{}^R] & \cdots & [x_{1n}{}^L,\ x_{1n}{}^R] \\ [x_{21}{}^L,\ x_{21}{}^R] & [x_{22}{}^L,\ x_{22}{}^R] & \cdots & [x_{2n}{}^L,\ x_{2n}{}^R] \\ \cdots & \cdots & \cdots & \cdots \\ [x_{m1}{}^L,\ x_{m1}{}^R] & [x_{m2}{}^L,\ x_{m2}{}^R] & \cdots & [x_{mn}{}^L,\ x_{mn}{}^R] \end{bmatrix}$$

$$(7-5)$$

根据灰色关联分析的思想，下面给出属性权重信息不完全情况下的区间模糊数多属性决策过程：

（1）对决策矩阵进行规范化处理

记规范化后的矩阵为：

$$Y = ([y_{ij}{}^L,\ y_{ij}{}^R])_{m \times n} \tag{7-6}$$

其中，类似前面的归一化处理方法，当属性指标为效益型时，

$$\begin{cases} y_{ij}{}^L = \dfrac{x_{ij}{}^L}{\sqrt{\sum\limits_{i=1}^{m} (x_{ij}{}^R)^2}} \\[6mm] y_{ij}{}^R = \dfrac{x_{ij}{}^R}{\sqrt{\sum\limits_{i=1}^{m} (x_{ij}{}^L)^2}} \end{cases} \tag{7-7}$$

当属性值指标为成本型时，

$$
\begin{cases}
y_{ij}{}^{L} = \dfrac{\dfrac{1}{x_{ij}{}^{R}}}{\sqrt{\sum\limits_{i=1}^{m}\left(\dfrac{1}{x_{ij}{}^{L}}\right)^{2}}} \\[4mm]
y_{ij}{}^{R} = \dfrac{\dfrac{1}{x_{ij}{}^{L}}}{\sqrt{\sum\limits_{i=1}^{m}\left(\dfrac{1}{x_{ij}{}^{R}}\right)^{2}}}
\end{cases}
\tag{7-8}
$$

（2）确定正负理想点

正理想点：　　$e = [e_j{}^{L}, e_j{}^{R}] = [\max\limits_{i} y_{ij}{}^{L}, \max\limits_{i} y_{ij}{}^{R}]$

负理想点：　　$f = [f_j{}^{L}, f_j{}^{R}] = [\min\limits_{i} y_{ij}{}^{L}, \min\limits_{i} y_{ij}{}^{R}]$

（3）计算属性值的区间模糊数到正负理想点的灰色关联
系数

各 A 类技术服务代理商属性值的区间模糊数到正理想点的
灰色关联系数为：

$$
\rho_{ij} = \frac{\min\limits_{1\le i\le m}\min\limits_{1\le j\le n}\big|\,[e_j{}^{L}, e_j{}^{R}] - [y_{ij}{}^{L}, y_{ij}{}^{R}]\,\big| + \gamma \max\limits_{1\le i\le m}\max\limits_{1\le j\le n}\big|\,[e_j{}^{L}, e_j{}^{R}] - [y_{ij}{}^{L}, y_{ij}{}^{R}]\,\big|}{\big|\,[e_j{}^{L}, e_j{}^{R}] - [y_{ij}{}^{L}, y_{ij}{}^{R}]\,\big| + \gamma \max\limits_{1\le i\le m}\max\limits_{1\le j\le n}\big|\,[e_j{}^{L}, e_j{}^{R}] - [y_{ij}{}^{L}, y_{ij}{}^{R}]\,\big|}
$$

$$
\tag{7-9}
$$

各 A 类服务代理商属性值的区间模糊数到负理想点的灰色
关联系数为：

$$
\theta_{ij} = \frac{\min\limits_{1\le i\le m}\min\limits_{1\le j\le n}\big|\,[y_{ij}{}^{L}, y_{ij}{}^{R}] - [f_j{}^{L}, f_j{}^{R}]\,\big| + \gamma \max\limits_{1\le i\le m}\max\limits_{1\le j\le n}\big|\,[y_{ij}{}^{L}, y_{ij}{}^{R}] - [f_j{}^{L}, f_j{}^{R}]\,\big|}{\big|\,[y_{ij}{}^{L}, y_{ij}{}^{R}] - [f_j{}^{L}, f_j{}^{R}]\,\big| + \gamma \max\limits_{1\le i\le m}\max\limits_{1\le j\le n}\big|\,[y_{ij}{}^{L}, y_{ij}{}^{R}] - [f_j{}^{L}, f_j{}^{R}]\,\big|}
$$

$$
\tag{7-10}
$$

其中，区间数的距离计算公式为

$$
\big|\,[e_j{}^{L}, e_j{}^{R}] - [y_{ij}{}^{L}, y_{ij}{}^{R}]\,\big| = \sqrt{(e_j{}^{L} - y_{ij}{}^{L})^2 + (e_j{}^{R} - y_{ij}{}^{R})^2}
$$

$$
\big|\,[y_{ij}{}^{L}, y_{ij}{}^{R}] - [f_j{}^{L}, f_j{}^{R}]\,\big| = \sqrt{(y_{ij}{}^{L} - f_j{}^{L})^2 + (y_{ij}{}^{R} - f_j{}^{R})^2}
$$

$$
i = 1, 2, \ldots, m,\; j = 1, 2, \ldots, n
$$

式（7-10）中 γ 为分辨系数，$\gamma \in [0, 1]$，一般取 $\gamma = 0.5$。

（4）计算正负理想点的关联度

$$\rho_i = \sum_{j=1}^{n} \rho_{ij} w_j, \quad , \quad \theta_i = \sum_{j=1}^{n} \theta_{ij} w_j, \quad i = 1, 2,..., m \,。$$

由于 A 类技术服务代理商的各指标属性权重 w_j 是未知的，为此要得到 ρ_i，θ_i，需要求解如下多目标最优化模型：

$$\begin{cases} \max \rho_i = \sum_{j=1}^{n} \rho_{ij} w_j, \ i = 1, 2,..., m \\ \min \theta_i = \sum_{j=1}^{n} \theta_{ij} w_j, \ i = 1, 2,..., m \\ s.\ t.\ w_j \in w, \ j = 1, 2,..., n, \ w_j \geq 0, \ \sum_{j=1}^{n} w_j = 1 \end{cases} \quad (7-11)$$

如果各个方案是公平竞争的，不存在任何偏好关系，则可将上面的多目标优化问题转化为如下单目标最优化问题[①]：

$$\begin{cases} \min(\theta_i - \rho_i) = \sum_{j=1}^{n} (\theta_{ij} - \rho_{ij}) w_j, \ i = 1, 2,..., m \\ s.\ t.\ w_j \in w, \ j = 1, 2,..., n, \ w_j \geq 0, \ \sum_{j=1}^{n} w_j = 1 \end{cases} \quad (7-12)$$

由此解出权向量 w。

（5）评价结果

$$\sigma_i = \frac{\rho_i}{\rho_i + \theta_i} \quad (7-13)$$

按 σ_i 的大小顺序排序，其值越大，该 A 类技术服务代理商服务能力越强。

---

① 如果存在偏好关系，则只需进行加权处理即可。

7.3.2 示例分析

记服务质量（G_1）、技术水平（G_2）、用户满意度（G_3）、合作关系（G_4）、协调组织能力（G_5）五个属性作为 A 类技术服务代理商服务能力的定性化评价属性，对前面由模糊综合评价法评选出的前五个服务代理商 j、c、f、e、l 的服务能力进行定性化评价。权重信息不完全性假设为：

$$w_1 - w_2 \leqslant 0.2,\ 0.1 \leqslant w_3 - w_2 \leqslant 0.3,\ w_2 - w_4 \leqslant 0.1,\ w_4 - w_5 \leqslant 0.3$$

本章选择了五位相关专家对上述五个属性进行打分，得到如下的模糊决策矩阵 X 为：

$$X = \begin{bmatrix} [7.0,8.0] & [8.0,9.0] & [8.5,9.0] & [8.7,9.0] & [8.0,8.5] \\ [7.5,8.0] & [8.1,8.8] & [8.0,8.8] & [8.8,9.3] & [7.8,8.0] \\ [8.0,8.4] & [7.5,8.0] & [8.6,9.2] & [8.5,9.1] & [8.0,8.6] \\ [7.0,7.6] & [8.0,8.2] & [7.6,8.6] & [8.0,8.9] & [8.2,8.4] \\ [7.8,8.2] & [7.6,8.3] & [8.0,8.3] & [8.2,9.0] & [7.9,8.5] \end{bmatrix}$$

规范化的模糊决策矩阵为：

$$X = \begin{bmatrix} [0.496,0.615] & [0.537,0.662] & [0.545,0.621] & [0.551,0.601] & [0.552,0.621] \\ [0.532,0.615] & [0.544,0.647] & [0.513,0.607] & [0.557,0.620] & [0.538,0.583] \\ [0.567,0.646] & [0.503,0.588] & [0.551,0.634] & [0.538,0.607] & [0.552,0.628] \\ [0.496,0.594] & [0.537,0.602] & [0.485,0.594] & [0.488,0.592] & [0.567,0.611] \\ [0.553,0.631] & [0.510,0.609] & [0.513,0.573] & [0.504,0.601] & [0.545,0.621] \end{bmatrix}$$

（1）确定正负理想点

$e = ($ [0.567,0.646]，[0.544,0.647]，[0.551,0.634]，[0.557,0.620]，[0.567,0.628] $)$

$f = ($ [0.496,0.594]，[0.503,0.588]，[0.485,0.573]，[0.488,0.592]，[0.538,0.583] $)$

（2）计算各 A 类技术服务代理商的模糊数灰色关联系数

$$\rho_{ij} = \begin{bmatrix} 0.458\,1 & 1.000 & 0.842\,0 & 0.697\,8 & 0.806\,9 \\ 0.516\,4 & 0.901\,8 & 0.587\,4 & 0.812\,5 & 0.479\,8 \\ 0.985\,6 & 0.447\,4 & 0.903\,5 & 0.615\,0 & 0.896\,7 \\ 0.383\,5 & 0.648\,2 & 0.404\,1 & 0.411\,5 & 0.876\,8 \\ 0.898\,4 & 0.572\,3 & 0.489\,8 & 0.528\,9 & 0.843\,6 \end{bmatrix}$$

$$\theta_{ij} = \begin{bmatrix} 0.841\,2 & 0.509\,8 & 0.588\,0 & 0.707\,8 & 0.560\,3 \\ 0.782\,7 & 0.486\,5 & 0.783\,5 & 0.632\,1 & 0.814\,3 \\ 0.438\,7 & 0.905\,6 & 0.598\,2 & 0.801\,6 & 0.546\,3 \\ 0.923\,5 & 0.748\,2 & 0.924\,1 & 0.956\,8 & 0.598\,8 \\ 0.527\,6 & 0.842\,3 & 0.909\,8 & 0.898\,2 & 0.703\,6 \end{bmatrix}$$

（3）求解如下单目标最优化问题

$$\begin{cases} \max \rho_i = 0.271\,7w_1 - 0.077\,3w_2 + 0.576\,8w_3 + 0.930\,8w_4 - 0.680\,5w_5 \\ \qquad\qquad w_1 - w_2 \leqslant 0.2 \\ \qquad\quad 0.1 \leqslant w_3 - w_2 \leqslant 0.3 \\ \qquad\qquad w_2 - w_4 \leqslant 0.1 \\ \qquad\qquad w_4 - w_5 \leqslant 0.3 \\ s.\ t.\ w_j \in w,\ j = 1,\ 2,\ldots,\ n,\ w_j \geqslant 0,\ \sum_{j=1}^{n} w_j = 1 \end{cases}$$

解得权重向量：

$e = (0.285\,4,\ 0.204\,6,\ 0.253\,2,\ 0.154\,2,\ 0.102\,6)$。

（4）各 A 类技术服务代理商对正负理想点的关联度

$\rho_1 = 0.733\,9, \rho_2 = 0.654\,6, \rho_3 = 0.788\,4, \rho_4 = 0.497\,5, \rho_3 = 0.664\,6$；

$\theta_1 = 0.659\,9, \theta_2 = 0.699\,5, \theta_3 = 0.641\,7, \theta_4 = 0.859\,6, \theta_3 = 0.764\,0$。

（5）各方案对正理想点的相对关联度

$\sigma_1 = 0.526\,5, \sigma_2 = 0.483\,4, \sigma_3 = 0.551\,3, \sigma_4 = 0.366\,6, \sigma_5 = 0.465\,2$。

可见在这五个 A 类技术服务代理商中，排序的结果是：

$$f > j > c > l > e \qquad\qquad (7-14)$$

换言之，代理商 f 服务能力的定性属性评价结果最好，j 次之，e 最差。

7.4　综合分析

由 7.2 节可知，上述五家 A 类技术服务代理商综合实力的排序结果为：$j > c > f > e > l$

由于基于定性化分析的技术服务代理商服务能力的排序结果为式（7-14），即技术服务代理商 f 获得了相关专家最好的定性化评价结果。因此，可以根据具体情况适当调整技术服务代理商 f 的等级。

在此例中，技术服务代理商 f 与 c 的定量化评价结果同为 II 级（见表 7-6），因此，为降低该项目产品的技术服务风险，可以选择 j、f、c 三家技术服务代理商为 A 类技术服务代理商。另外，由于技术服务代理商如果不具备相应的技术能力将被一票否决，因此，本章假设所考虑的 A 类技术服务代理商都具备所需要的基本技术能力。

7.5　本章小结

由于技术服务代理商机制是新兴技术项目商业化运作过程中的一个重要环节，技术服务代理商的质量高低将影响新兴技术项目商业化运作的成败，因此，可以用技术服务代理商的质量水平来刻画新兴技术项目技术服务风险的大小。一般而言，新兴技术项目技术服务代理商的质量包括两部分：服务代理商的综合实力和服务能力。其中，对综合实力的评价可以采用服务代理商的相关财务数据进行定量评价，而对服务能力的评价则主要依靠定性分析。基于此，本章采用基于模糊评价的定量化评价方法和基于模糊多属性决策的定性化评价方法，对新兴技术项目技术服务代理商进行优选，进而对新兴技术项目的技术服务风险进行测度。

首先，在遵循科学性、系统性、客观性、功能性及可操作性等原则的基础上，针对技术服务代理商的特点，从定量化方面选取了反映 A 类技术服务代理商综合实力的初始评价指标。进一步地，利用粗糙集属性约简中的相对重要性算法对初始指标进行约简，剔除冗余指标，从而得到筛选后的 A 类技术服务代理综合实力的评价指标体系。由于粗糙集属性约简算法在不影响评价结果的前提下有效地剔除了冗余指标，减少了后续计算量，从而使得到的评价指标体系更加科学、合理。其次，以模糊数学和多属性决策理论为基础，讨论了如何处理 A 类技术服务代理商综合实力评价过程中的不确定性和模糊性问题，并运用模糊综合评价方法和多属性决策方法，分别从定量化和定性化角度分别对 A 类技术服务代理商的综合实力和服务能力进行评价。最后，综合定量化评价和定性化评价的结果，对 A 类技术服务代理商进行最终选取。

由于选择不同质量的技术服务代理商使新兴技术项目在实施过程中可能面临不同的技术服务风险，因此，技术服务代理商的质量高低实际上测度了新兴技术项目的技术服务风险。本章提出的方法简单、合理且操作性强，是新兴技术项目技术服务风险的一类有效测度方法。

8 新兴技术项目 CTMS 风险测度结果的综合应用规则

8.1 新兴技术项目 CTMS 风险测度的帕累托最优原则

本书第四章至第六章分别提出了测度新兴技术项目的技术风险（TR）、市场风险（MR）、信用风险（CR）和技术服务风险（TSR）的四类方法，拓展了新兴技术项目风险测度的方法体系。由于新兴技术项目的成败在很大程度上受上述四类风险影响，因此，由该四类风险张成了新兴技术项目 CTMS 风险的特征空间（见 3.3 节）。根据前面的分析可知，新兴技术项目 CTMS 风险的特征空间是不完全偏序空间，在不完全偏序空间结构下，通常只能获得帕累托有效解。以下规则给出了处理帕累托最优的两条基本原则：

第一，当且仅当上述四类风险均较小或者都是可以承受之时，该新兴技术项目的风险才是较小或者可以承受的。此时，新兴技术项目 CTMS 风险的特征空间呈现全序空间结构，选择的结果是一般意义下的最优解，而不是不完全偏序空间结构下的帕累托最优解。

第二，新兴技术项目的风险与收益是均衡的，当收益较大时，风险通常会较大，并且四类风险可能呈现不同的风险水平。决策者应该根据自身的风险偏好，对上述四类风险的测度结果进行权衡，以获得相对满意的结果。此时，新兴技术项目 CTMS风险的特征空间呈现不完全偏序空间结构，其中某一风险可以接受可能导致其他风险不可接受，这就需要决策者根据自身的风险偏好进行选择。例如，当决策者厌恶市场风险时，会特别关注市场风险的测度结果，一旦市场风险较大时，无论其他三类风险的测度结果如何，决策者都可能放弃该项目。

8.2　CTMS 风险测度结果的综合应用原则

项目管理者和执行者如何综合应用上述四类风险的测度结果来辨识新兴技术项目的整体风险，进而对新兴技术项目进行选择？该问题是评价和筛选新兴技术项目的关键所在，为此，以下将给出综合应用上述四类风险测度结果的四条基本规则：

第一，从风险要素的角度来看，上述四类风险中，技术风险、信用风险和技术服务风险是内生性风险，市场风险既与内生性风险有关，又与外生性风险有关，但外生性风险占主导地位，故市场风险是"拟外生性风险"（见 2.1.4 节所述）。从风险类别划分的角度来看，信用风险、技术风险和技术服务风险属于非系统性风险，而市场风险中很大部分属于系统性风险。从风险可控的角度来看，项目执行者可以通过优化和改善自身的条件来规避或缓解内生性风险和部分"拟外生性风险"。因此，根据四类风险的测度结果，当内生性风险中的某一类风险较大时，项目执行者必须考虑能否通过采取适当手段或措施，将该风险降低到"可接受"的范围，如果不能降低，则应该放弃该项目。

第二，上述四类风险的重要性具有有一定差异。信用风险因为具有一票否决权，即信用风险大的企业不能承担新兴技术项目。因此，信用风险可以认为是新兴技术项目首先必须规避的风险。技术创新能力是新兴技术项目成败的关键。因此，技术风险是新兴技术项目面临的关键性风险。市场风险是"拟外生性风险"，不仅依赖于外部市场环境（采用强有力的营销手段可能缓解外部市场风险），而且与技术风险（即技术创新能力）也有关。因此，市场风险是新兴技术项目面临的重要风险。技术服务风险显然可以采取有效的措施规避或降低。因此，技术服务风险是新兴技术项目相对次要的风险。

从测度流程来看，决策者可以根据四类风险的测度结果对项目进行最终的选择，选择路径如下：如果信用风险可以接受，决策者则应进一步关注技术风险能否接受，如果技术风险也是可以接受的，则项目可以执行。在项目执行过程中，市场风险和技术服务风险是项目执行过程中面临的风险，此时必须对市场风险进行测度，如果市场风险不能接受，则该项目可能终止；反之，如果市场风险可以接受，为提高项目的成功概率，则必须注意规避技术服务风险。上述测度方案给出了新兴技术项目风险的测度路径。

第三，从风险控制的角度来看，技术服务风险最容易控制，信用风险次之，技术风险再次之，市场风险最难控制，因此，决策者对新兴技术项目风险的评估路径是信用风险—技术风险—市场风险—技术服务风险。由于市场风险所隐含的非市场部分在一定程度上可以通过技术风险来识别，而市场部分则需要在项目产品推向市场后才能评估，因此，对市场风险的测度相对靠后。决策者应该根据四类风险的测度结果来考虑新兴技术项目风险的控制重点。

第四，由于规避或降低技术风险和信用风险不是一朝一夕就能实现的，因此，只有采取强有效的措施，才能持续地提升项目的技术创新能力，改善项目企业的财务状况。决策者应该根据对信用风险和技术风险的测度结果，加强新兴技术项目的资金管理、内部治理和人才引进等方面的工作，同时改善新兴技术项目企业的技术创新的基础环境，以提升技术创新的能力。

8.3 本章小结

由于新兴技术项目 CTMS 风险的特征空间是（不完全）偏序空间，在（不完全）偏序空间结构下，通常只能获得帕累托有效解。基于此，本章给出了处理帕累托最优的两条基本原则，并在此基础上，提出了新兴技术项目四类风险测度方法的四条应用原则，并给出了测度路径。总体而言，决策者应根据四类风险的测度结果对项目进行选择。由于该四类风险常常发生在项目执行的不同阶段，测度的顺序也有所不同。具体而言，首先是对信用风险进行测度，当信用风险可以接受时，再对技术风险进行测度，如果技术风险可以接受，则该项目可以执行并进入研发阶段。由于市场风险和技术服务风险是项目执行过程中面临的风险，当项目产品推向市场后，就需要对市场风险进行测度，一旦市场风险能够接受，则该项目已经有了较大的成功可能性。同时，为进一步提升项目成功的概率，应该规避技术服务的风险。

9 总结

9.1 本书的主要结论

随着我国科技现代化的快速推进，我国新兴技术的发展正面临新的机遇与挑战。由于新兴技术行业具有的高技术性、技术和市场的高度不确定性，新兴技术项目的研发和经营风险具有不同于一般项目的特征。因此，对新兴技术项目 CTMS 风险特征的分析和风险测度方法的设计，是度量新兴技术项目研发和经营风险的关键所在。本书在笔者所著的另一部著作（周宗放、孔建会、周一懋所著《新兴技术项目风险评估和综合管理》，经济管理出版社，2015 年出版）的基础上，针对新兴技术项目面临的主要风险特征和测度方法展开了一系列探讨，并且提出了一些新的观点和方法，获得了一些重要的研究结论。本书对识别新兴技术项目的价值和风险，以及对拓展新兴技术项目风险测度的方法体系等均具有重要的学术价值与现实意义。

由于新兴技术项目的成败在很大程度上受项目的载体、技术、市场和服务影响，而覆盖项目载体、技术、市场和服务的风险主要是新兴技术项目的内生性风险。内生性风险是项目管理者和执行者可以通过提升自身的管理、技术创新、市场营销和技术服务等水平来降低和控制的风险，因此，从项目管理和项目执行的角度来看，内生性风险表现了新兴技术项目的主要风险特征。依据内生性风险的内涵，新兴技术项目的风险可以归纳为信用风险、技术风险、市场风险和技术服务风险四类，而管理决策风险贯穿于该四类风险之中。基于此，本书在前两章界定了相关概念，进行了文献综述；第三章从内生性风险的角度提出了新兴技术项目的风险特征，构建了新兴技术项目的CTMS风险特征空间和风险特征模型；第四章至第六章分别提出了测度新兴技术项目信用风险、技术风险、市场风险和技术服务风险的方法，进而拓展了新兴技术项目CTMS风险测度的方法体系。

本书的主要结论归纳如下：

第一，通过对新兴技术项目风险要素的分析发现，从项目管理和项目执行的角度来看，内生性风险是新兴技术项目面临的主要风险。由此归纳出新兴技术项目具有四类重要风险特征，即技术风险特征、市场风险特征、信用风险特征和技术服务风险特征，并结合偏序空间结构理论，构建了新兴技术项目的风险特征空间和风险特征模型。

第二，由于新兴技术项目承担企业的履约和融资能力是新兴技术项目信用风险水平的直接体现，因此，新兴技术项目企业的信用风险水平不仅会影响新兴技术项目的执行效果和可持续性，而且具有一票否决的特性。本书采用集成粗糙集和IF-ISODATA聚类算法对新兴技术项目企业的信用风险进行分类和评级，进而实现对新兴技术项目信用风险的测度。研究表明，本书提出的IF-ISODATA聚类算法可以在一定程度上缓解传统模糊聚类方法在信用风险评估应用中所存在的客观性不足问题，因此，具有较好的推广价值。

第三，由于新兴技术项目的核心竞争力体现在项目的技术创新水平上，因此，新兴技术项目的技术创新能力不仅可以刻画新兴技术项目的技术风险，而且具有可操作性。本书基于该思想，提出了测度新兴技术项目技术风险的一类方法，并结合 C 市的实际情况，运用粗糙集的相关理论对新兴技术项目技术风险测度指标体系进行约简；运用熵值法对 C 市 12 个有代表性的新兴技术项目面临的技术风险进行实证测评。研究表明，新兴技术项目技术创新能力反映了新兴技术项目面临的技术风险，本书提出的新兴技术项目技术风险测度方法具有很好的可操作性和有效性。

第四，由于新兴技术项目产品的市场扩散和集聚效应是新兴技术项目产品市场成败的标识，因此，可以通过对新兴技术项目产品的市场扩散和集聚效应的度量来测度新兴技术项目面临的市场风险。基于该思想，本书运用交叉熵方法对新兴技术项目产品的市场扩散分布进行度量，由此提出了测度新兴技术项目市场风险的一类可视化方法。

第五，由于新兴技术项目产品的技术服务水平反映了新兴技术项目技术服务面临的风险，而新兴技术项目产品的技术服务水平与新兴技术项目产品的服务代理商的质量直接相关。基于该思想，本书采用基于模糊评价的定量化评价方法和基于模糊多属性决策的定性化评价方法，对新兴技术项目技术服务代理商进行优选，进而对新兴技术项目的技术服务风险进行测度。

本书的研究结果不仅为测度和管理新兴技术项目风险、优化资源配置提供了决策参考依据，而且给出了具体风险测度的实施路径，进而拓展了新兴技术项目风险的测度方法体系。本研究成果不仅适用于政府财政资助的新兴技术项目，而且也适用于非政府财政资助的一般新兴技术项目，因此，本书对促进我国新兴技术的发展和科技现代化有着积极而深远的理论和现实意义。

9.2　本书的不足之处

由于新兴技术项目的特点，相关数据资料难以通过公开渠道获取，因此，本书存在以下一些不足之处：

第一，由于新兴技术项目门类众多，规模有大有小，本书没有对新兴技术项目的具体类型进行划分，仅针对新兴技术项目的一般共性特征，从方法层面展开了讨论。

第二，由于数据资料的限制，本书仅仅给出了一些相关的示例，没有进行更加深入的比较分析。

第三，由于影响新兴技术项目的风险要素很多，本书仅仅是从新兴技术项目执行者风险可控（即内生性风险）的视角展开讨论，目的是为了刻画直接影响新兴技术项目成败的主要风险特征并给出相应的测度方法。另外，由于资料所限，本书对每一类风险的测度仅给出了一个应用示例，没有和其他测度方法进行比较分析。

需要指出的是，新兴技术项目通常缺乏历史资料数据，所以其面临的风险也难以找到相关的经验和应对之策。而技术风险和市场风险无论是对投资者还是对创业者而言，都是其必须直接面对的主要风险，并且均难以准确的预测。尽管本书针对新兴技术项目的风险特征提出了新兴技术项目的 CTMS 风险测度思想，并阐述了如何对 CTMS 风险进行测度，但没有对行业和规模进行细分，仅仅是抛砖引玉地提出了新兴技术项目 CTMS 风险测度的总体思想和构架。

参考文献

[1] ADLER P S, MCDONALD D W & F MCDONALD. Strategic management of technological functions [J]. *Sloan Management Review*, 1992, 12: 19-37.

[2] ALTAMN EI, ANTHONY S. Credit risk measurement: Developments over the last 20 years [J]. *Journal of banking & finance*, 1998, 21: 1721-1742.

[3] ALTAMN EI. Financial Ratios Discriminant Analysis and The Prediction of Corporate bankruptcy [J]. *The Journal of Finance*, 1968, 23 (4): 589-609.

[4] ALTMAN EI, HALDEMAN, NARAYANAN. ZETA analysis: A Newmodel to Identify Bankruptcy Risk of Corporations [J]. *Journal of Banking and Finance*, 1977, 1: 29-54.

[5] ALTMAN EI, BRENNER M. Information Effects and Stock Market Response to Signs of Firm Deterioration [J]. *Journal of Financial and Quantitative analysis*, 1981, 16 (3): 35-51.

[6] ARROW RA. Estimating Recovery Rates and Pseudo Default Probabilities Implicit in Debt and Equity Prices [J]. *Financial Analysts Journal*, 1999, 57 (2): 75-92.

[7] ARUNKUMAR N, KARUNAMOORTHY L, ANAND S, ET. AL. Linear approach for solving a piecewise linear vendor selec-

tion problem of quantity discounts using lexicographic method [J].
Int J Adv Manuf Technol, 2006, 28: 1254-1260.

[8] BALDWIN J, GEZEN GW. Bankruptcy prediction Using
Quarterly Financial Statement Data [J]. *Journal of Accounting Auditing and Finance*, 1992, 7 (1): 269-289.

[9] BEAVER WH. Financial Ratios as Predictors of Failure
[J]. *Journal of Accounting research*, 1966, (4): 71-111.

[10] BLACK F, SCHOLES M. The Pricing of Options and Corporate Liabilities [J]. *Journal of Political Economics*, 1973, 5 (3):
637-659.

[11] BLACK F, COX JC. Valuing Corporate Securities: Some
Effects of Bond Indenture Provisions [J]. *Journal of Finance*, 1976,
31 (2): 351-367.

[12] CHAVA S, JARROW RA. Bankruptcy Prediction with Industry Effects [J]. *Review of Finance*, 2004, 8 (3): 537-569.

[13] CHEN H, CAO Y, DU LH, ET AL. Partner Selection
System Development for an Agile Virtual Enterprise Based on Gray Relation Analysis [C]. APWeb Workshops 2006, LNCS 3842: 760-766.

[14] CHOTIGEAT T, PANDEY I, KIM D J. Comparasion of
venture capital and private equity [J]. *Multinational Business Review*, 1997, 5 (2): 54-62.

[15] COURTOIS OL, QUITTARD-PINON F. Risk-Neutral
and Actual Default Probabilities with An Endogenous Bankruptcy
Jump-Diffusion Model [J]. *Asia-Pacific Finance Markets*, 2006, 13
(1): 11-39.

[16] CSFB. CreditRisk+: a credit risk management framework
[M]. Credit Suisse Financial Products, 1997.

[17] CYBINSKI P. Description, Explanation, Prediction the E-volution of Bankruptcy Studies [J]. *Managerial Finance*, 2001, 27 (4): 29-44.

[18] DARRELL D, KENNETH SINGL. Credit risk: Pricing Measurement and Management [M]. Princeton: Princeton University Press, 2003.

[19] DENG J L. Introduction to Grey System [J]. *The Journal of Grey System (UK)*, 1989, 1 (1): 1-24.

[20] DUFFIE D, GARLEANU N. Risk and Valuation of Collateralized Debt Obligations [J]. *Financial Analyst's Journal*, 2001, 57 (1): 41-59.

[21] DUFFEE GR. Estimating the Price of Default Risk [J]. *Review of Financial Studies*, 1999, 12 (1): 197-226.

[22] DUGAN MT, FORSYTH TB. The Relationship between Bankruptcy Model Predictions and Stock Market Perceptions of Bankruptcy [J]. *The Financial Review*, 1995, 30 (3): 507-527.

[23] FENG DZ, YAMASHIRO M, CHEN LL. A Novel Approach for Vendor Combination Selection in Supply Chain Management [C]. AI 2005, LNAI 3809: 1331-1334.

[24] FRIEDMAN MILTON. Choice, Chance, and the Personal Distribution of Income [J]. *Journal of Political Economy*, 1953. . 61: 277-90.

[25] FRIED V H, HISRICH R D. Towards a model of venture capital investment decision making [J]. *Financial Management*, 1994, 23 (3): 28-37.

[26] GESKE R. The Valuation of Corporate Liabilities As Compound Options [J]. *Journal of Financial and Quantitative Analysis*, 1977, 12 (1): 541-552.

[27] GESKE R. The Valuation of Compound Option [J]. *Journal of Financial Economics*, 1979, 7 (2): 63-81.

[28] GERKE R, JOHNSON HE. The Valuation of Corporate Liabilities as Compound Options: A Correction [J]. *Journal of Financial and Quantitative Analysis*, 1984, 19 (2): 231-232.

[29] GOH C H , TUNG Y C A, CHENG C H. A Revised weighted sum decision model for robot selection [J]. *Computers & Industrial Engineering*, 1996, 30 (2): 193-199.

[30] HE SW, SOHAIL S, LEI ZL, ET AL. Stochastic vendor selection problem: chance-constrained model and genetic algorithms [J]. *Ann Oper Res*, 2009, 168: 169-179.

[31] HENDERSON R, K CLARK. Architectural Innovation the Reconfiguration of Existing Product Technologies and the Failure of Established Firms [J]. *Administrative Science Quarterly*, 1990, 69 (1): 9-30

[32] HUANG D S, ZHANG X P. A Dynamic Decision Approach for Long-Term Vendor Selection Based on AHP and BSC [C]. ICIC 2005, Part II, LNCS 3645: 257-265.

[33] HULL J, WHITE A. The Impact of Default Risk on the Prices Of Options and Other Derivative Securities [J]. *Journal of Banking and Finance*, 1995, 19 (2): 299-322.

[34] JARROW R A, TURNBULL S. Pricing Derivatives on Financial Securities Subject to Credit Risk [J]. *Journal of Finance*, 1995, 50 (2): 53-86.

[35] JARROW R A, LANDO D, TURNBULL S. A Markov Model for the Term Structure of Credit Risk preads [J]. *Review of Financial Studies*, 1997, 10 (3): 481-523.

[36] JAYNES E T. Information Theory and Statistical Mechan-

ics [J]. *Physical Review Series II*, 1957, 108 (2): 171-190.

[37] KAY G. A Simple Exponential Modle for Dependent Default [J]. *Journal of Fixed Income*, 2003, 13 (3): 74-83.

[38] KAPLAN S N, STRöMBERG P. How well do venture capital databases reflect actual investments [J]. *Mimeo, University of Chicago*, 2004, 33-37.

[39] KIM C N, JR R M. Expert, Linear Models and Nonlinear Models of Expert Decision Making in Bankruptcy Prediction: A Lens Models Analysis [J]. *Journal of Management Information Systems*, 1999, 16 (1): 189-206.

[40] KLUGER B D. Information Quality and Bankruptcy Prediction [J]. *Managerial and Decision Economics*, 1989, 10 (4): 275-282.

[41] KU C Y, CHANG C T, HO H P. Global supplier selection using fuzzy analytic hierarchy process and fuzzy goal programming [R]. Working Paper, 2009.

[42] KULLBACK, S. Information Theory and Statistics [M]. New York: John Wiley, 1959.

[43] KUMAR S, RESSLER T, AHRENS M. Decision support model based on risk return tradeoff for examining viability of a business venture [J]. *Journal of Revenue & Pricing Management*, 2009, 8 (1): 81-95.

[44] LELAND H E, TOFT K B. Optimal Capital Structure Endogenous Bankruptcy and the Term Structure of Credit Spreads [J]. *Journal of Finance*, 1996, 50 (1): 789-819.

[45] LI G D, YAMAGUCHI D, HUI-SHAN LI, ET. AL. A Grey - Based Rough Set Approach to Suppliers Selection Problem [C]. RSCTC 2006, LNAI 4259: 487-496.

[46] LINDSAY D H, CAMPBELL A. Chaos Approach to Bankruptcy Prediction [J]. *Journal of Applied Business Research*, 1996, 12 (4): 1-9.

[47] LIU S F, LIN Y. An introduction to Grey Systems: Foundations, Methodology and Applications [M]. Slippery Rock : IIGSS Academic Publisher, 1998.

[48] LIU Z Y, WANG H W. Partner Selection for Renewable Resources in Construction Supply Chain [C]. ICIC 2006, LNCS 4113: 853-862.

[49] LI W, ZHANG X M, CHEN Y. Information Integration Approach to Vendor Selection Group Decision Making [C]. ISNN 2009, Part I, LNCS 5551: 1138-1143.

[50] MACMILLAN I C, SIEGEL R, SUBBANARASIMHA P N. Criteria used by venture capitalists to evaluate new venture proposals [J]. *Journal of Business Venture*, 1985, 1 (1): 109-128.

[51] MANIGART S, DE WAELE K, WRIGHT M, ROBBIE K, SAPIENZA H, BEECKMAN A. Venture capitalists, investment appraisal and accounting information: a comparative study of the USA, UK, France [J]. *Belgium and Holland. European Financial Management*, 2000, 6 (3): 389-403.

[52] MARTIN D. Early Warning of Bank Failure: A Logit Regression Approach [J]. *Journal of Banking and Finance*, 1977, 2: 249-276.

[53] MERTON R. On the Pricing of Corporate Debt: the Risk Structure of Interest Rates [J]. *Journal of Finance*, 1974, 29 (3): 449-470.

[54] NOORUL HAQ A, KANNAN G. Fuzzy analytical hierarchy process for evaluating and selecting a vendor in a supply chain

model [J]. *Int J Adv Manuf Technol*, 2006, 29: 826-835.

[55] PAWLAK Z. Rough set theory and its application to data analysis [J]. *Cybernetics and Systems*, 1998, 29 (7): 661-688.

[56] PAWLAK Z. Rough set-theoretical aspects of reasoning about data [M]. Dordrecht: Kluwer Academic Publishers, 1991.

[57] PI W N, YAO C. Low Supplier evaluation and selection using Taguchi loss functions [J]. *International Journal of Adv Manuf Technol*, 2005, 26: 155-160.

[58] PI W N, YAO C. Low Supplier evaluation and selection via Taguchi loss functions and an AHP [J]. *International Journal of Adv Manuf Technol*, 2006, 27: 625-630.

[59] REZAEI J, DAVOODI M. Genetic Algorithm for Inventory Lot-Sizing with Supplier Selection Under Fuzzy Demand and Costs [C]. IEA/AIE 2006, LNAI 4031: 1100-1110.

[60] ROBERT E B. The technological base of the new enterprise [J]. *Research Policy*, 1991, 20 (4): 45-67.

[61] SCOTT E. The Probability of Bankruptcy: A Comparison of Em-pirical Predictions andTheoretical Models [J]. *Journal of Banking and Finance*, 1981, 9: 317-344.

[62] STEWART H. Bankruptcy Prediction Models [J]. *Credit Control*, 1993, 14 (11): 16-22.

[63] SUN L. A Re-Evaluation of Auditors' Opinions Versus Statistical Models in Bankruptcy Prediction [J]. *Review of Quantitative Finance and Accounting*, 2007, 28 (2): 55-78.

[64] TERANO T, ASAI K, SUGENO M. Fuzzy System Theory and its Applications [M]. London: Academic Press, 1992.

[65] TYEBJEE T T, BRUNO A V. A model of venture capitalist investment activity [J]. *Management Science*, 1984, 9 (30):

1051-1066.

[66] WANG J, ZHONG W, ZHANG J. Support Vector Machine Approach for Partner Selection of Virtual Enterprises [C]. CIS 2004, LNCS 3314: 1247-1253.

[67] WU C Y. Using Non-Financial Information to Predict Bankruptcy: A Study of Public Companiesn Taiwan [J]. *International Journal of Management*, 2004, 21 (2): 194-201.

[68] YANG P C, WEE H M, ZAHARA E, ET AL. Supplier Selection for a Newsboy Model with Budget and Service Level Constraints [C]. ICCSA 2007, LNCS 4705, Part I, 2007: 562-575.

[69] YU FAN. Default Correlation in Reduced Models [J]. *Journal of Investment Management*, 2003, 3 (1): 33-42.

[70] ZADEH L. Fuzzy Sets [J]. *Information and Control*, 8 (1), 1965: 338-353.

[71] ZHANG H, LI X, LIU W H. An AHP/DEA Methodology for 3PL Vendor Selection in 4PL [C]. CSCWD 2005, LNCS 3865: 646-655.

[72] ZHOU CHUN SHENG. An Analysis of Default Correlation and Multiple Default [J]. *The Review of Financial Studies*, 2001, 14 (2): 555-576.

[73] 乔治·戴, 保罗·休梅克. 沃顿论新兴技术管理 [M]. 石莹, 等, 译. 北京: 华夏出版社, 2002.

[74] 高建, 魏平. 新兴技术的特性与企业的技术选择 [J]. 科研管理, 2007, 28 (1): 47-52.

[75] 何应龙, 周宗放. 国外新产品扩散模型研究的新进展 [J]. 管理学报, 2007, 4 (4): 529-536.

[76] 周宗放, 张瑛, 陈林. 新兴技术企业信用风险演化机理与评价方法研究 [M]. 北京: 科学出版社, 2010.

[77] 周宗放, 孔建会, 周一懋. 新兴技术项目的风险评估与综合管理 [M]. 北京: 经济管理出版社, 2015.

[78] 尹淑娅. 风险投资中的创业企业价值评估模型及其运用 [J]. 中国软科学, 1999, 2 (1): 78-93.

[79] 刘希宋. 风险投资及投资风险评估 [J]. 中国软科学, 2000, 4 (3): 42-46.

[80] 谢科范, 马仁钊, 杨青. 新产品开发风险管理 [M]. 成都: 电子科技大学出版社, 1993: 73-87.

[81] 陈德棉, 裴夏生, 沈明宏. 高技术投资风险预测和评价的理论和方法 [J]. 预测, 1998, 17 (1): 48-50.

[82] 刘希宋, 曹霞, 李大震. 风险投资及投资风险评价 [J]. 中国软科学, 2000 (3): 42-46.

[83] 刘德学, 樊治平. 风险投资非系统风险的模糊评价方法 [J]. 科技进步与对策, 2002, 19 (2): 113-115.

[84] 蔡建春, 王勇, 李汉铃. 风险投资中投资风险的灰色多层次评价 [J]. 管理工程学报, 2003, 17 (2): 94-97.

[85] 郑君君, 刘玮, 孙世龙. 关于风险投资项目风险综合评价方法的研究 [J]. 武汉大学学报, 2005, 38 (4): 125-128.

[86] 张新立, 杨德礼. 多层次灰色评价在风险投资项目决策中的应用 [J]. 科技进步与对策, 2006, 23 (10): 140-142.

[87] 柯孔林. 粗糙集理论在高技术项目投资风险评价中的应用 [J]. 科技进步与对策, 2007, 24 (3): 125-128.

[88] 骆正山, 陈红玲, 郑楠. 多因素模糊综合评判模型的风险投资项目评估应用研究 [J]. 西安科技大学学报, 2010, 30 (3): 358-362.

[89] 庄平, 李延喜. 基于G1—变异系数法的企业投资风险评价模型与实证研究 [J]. 软科学, 2011, 25 (10): 107-112, 120.

［90］张立新. 非对称信息条件下风险投资契约机理研究［D］. 大连：大连理工大学，2008.

［91］顾靖. 风险投资项目的初始和中止决策研究［D］. 成都：电子科技大学，2010

［92］李云飞. 风险投资的契约机制及风险评价方法研究［D］. 成都：电子科技大学，2012.

［93］何应龙，周宗放. 我国新兴技术企业特征函数与成长模型研究［J］. 管理评论，2010，22（10）：91-99.

［94］邓光军，曾勇，唐小我. 新兴技术初创企业价值的实物期权定价分析［J］. 系统工程，2004，22（2）：73-8.

［95］王春峰，万海晖，张维. 商业银行信用风险评估及其实证研究［J］. 管理科学学报，1998，1（1）：68-72.

［96］孙小琰，沈悦，罗璐琦. 基于 KMV 模型的我国上市公司价值评估实证研究［J］. 管理工程学报，2008，22（1）：102-108.

［97］王建稳，梁彦军. 基于 KMV 模型的我国上市公司信用风险研究［J］. 数学的实践与认识，2008，38（10）：46-53.

［98］马若微. KMV 模型运用于中国上市公司财务困境预警的实证检验［J］. 数理统计与管理，2006，25（5）：593-601.

［99］李舜蛟，王文胜. EDF 模型在中国商业银行信用风险管理中的应用［J］. 金融论坛，2008（1）：22-26.

［100］夏红芳，马俊海. 基于 KMV 模型的上市公司信用风险预测［J］. 预测，2008，27（6）：39-43.

［101］陈晓红，张泽京，王傅强. 基于 KMV 模型的我国中小上市公司信用风险研究［J］. 数理统计与管理，2008，27（1）：164-175.

［102］林清泉，张建龙. CVaR 的鞍点解析式及其在 Credit-Risk+框架下的应用［J］. 系统工程，2008，26（2）：25-30.

［103］蔡风景，杨益党，李元.基于损失程度变化的 Credit-Risk+的鞍点逼近［J］.中国管理科学，2004，12（6）：29-33.

［104］周宗放，任家富.服务代理商的选择与备件备品库存研究［M］.北京：经济科学出版社，2011.

［105］邵晓峰，季建华，黄培清.供应链中供应商选择方法的研究［J］.数量经济技术经济研究，2001，12（8）：80-83.

［106］马丽娟.基于供应链管理的供应商选择问题初探［J］.工业工程与管理，2002，21（6）：23-25.

［107］赵小惠，赵小苗.基于模糊决策的供应商选择方法［J］.工业工程与管理，2002，2（4）：27-29.

［108］尤大鹏，杨鹏.循环经济模式下第三方物流服务商的选择［J］.物流技术，2006，9（10）：1-3.

［109］吴剑刚，李玲.基于战略核心论的第三方物流服务商选择的灰局势决策［J］.物流技术，2006，10（5）：49-51.

［110］汤毅，孙笑峰，王秋玲.基于综合集成赋权法的第三方物流服务商的选择［J］.物流科技，2007，11（9）：50-52.

［111］黄崇珍，梁静国.基于粗糙集及模糊控制的供应商选择系统［J］.统计与决策，2008，11（9）：161-163.

［112］黄翀胤，胡劲松，陈怡宁.多目标系统优选方法及其应用研究［J］.河南科学，2000，18（4）：345-347.

［113］许国兵，张文杰.基于灰色关联和 TOPSIS 的两阶段第三方物流服务商选择模型［J］.北京交通大学学报（社会科学版），2007，6（4）：30-33.

［114］高强，朱金福.混合型 TOPSIS 方法在多式联运服务商选择中的应用［J］.物流科技，2008，11（2）：110-113.

［115］李东，匡兴华，晏湘涛.多粒度语言下基于 TOPSIS 第三方物流服务商选择［J］.辽宁工程技术大学学报（自然科学版），2008，27（6）：933-936.

[116] 娄平，陈幼平，周祖德，袁楚明. 敏捷供应链中供应商选择的 AHP/ DEA 方法 [J]. 华中科技大学学报（自然科学版），2002，30（4）：29-31.

[117] 张涛，孙林岩，孙海虹. 偏好约束锥 DEA 模型在供应商选择中的应用 [J]. 系统工程理论与实践，2003，10（3）：77-81.

[118] 黄绍服，赵韩. 供应商选择层次分析法 随机数据包络分析法研究 [J]. 安徽理工大学学报（自然科学版），2003，23（4）：36-39.

[119] 任杰. 基于物流服务供应链模式的集成物流服务商选择的研究 [J]. 商场现代化，2006，12（21）：111-112.

[120] 吴念蔚. 基于 AHP 的第三方物流服务商选择 [J]. 企业技术开发，2007，26（9）：92-94.

[121] 岳淑捷，李电生. 基于多层过滤的第三方物流服务商选择 [J]. 供应链，2007，7（9）：89-91.

[122] 田宇. 物流服务供应链构建中的供应商选择研究 [J]. 系统工程理论与实践，2003，49（5）：49-53.

[123] 边利，李自如，邓建. 供应商选择的模糊多目标最优决策与实证研究 [J]. 科技管理研究，2006，20（3）：224-226.

[124] 徐新清，程钧谟，杨保亮. 基于 BP 神经网络的第三方物流服务商的选择研究 [J]. 华东经济管理，2005，19（9）：85-88.

[125] 程赐胜，徐芳. 基于多层次模糊综合评判的第三方物流服务商的选择 [J]. 湖南工业职业技术学院学报，2007，7（3）：34-36.

[126] 郭梅，朱金福. 基于模糊粗糙集的物流服务供应链绩效评价 [J]. 系统工程，2007，25（7）：48-52.

[127] 史祎馨，张丹松. 基于模糊综合评判法的第三方物流服务商选择模型研究 [J]. 物流科技，2006，29（1）：5-8.

[128] 王勇，张云丰. 模糊群决策方法在物流服务商选择中的应用 [J]. 工业工程与管理，2009，17（1）：19-23.

[129] 王养成. 人力资源外包服务商选择组合评价模型 [J]. 生产力研究，2007，21（10）：110-112.

[130] 赵礼强，徐娟英，李一波. 第三方物流供应商选择的模糊决策方法 [J]. 技术交流，2003，9（10）：35-44.

[131] 徐晨，赵惠芳，郭雪松. 基于P-SVM的第三方物流服务商选择模型研究 [J]. 计算机技术与应用进展，2008，10（4）：845-849.

[132] 陈林，周宗放. 从互联网在我国的发展浅论新兴技术企业的信用风险 [J]. 价值工程，2005，4：123-126.

[133] 周宗放，陈林，唐小我. 多维动态信用评价的信用状态空间结构研究 [J]. 系统工程理论与实践，2007，（7）：1-8.

[134] 黄健元. 模糊ISODATA聚类分析方法的改进 [J]. 南京航空航天大学学报，2000，32（2）：179-183

[135] 张瑛. 新兴技术企业信用风险评估方法研究 [D]. 成都：电子科技大学，2009.

[136] 邱菀华. 管理决策与应用熵学 [M]. 北京：机械工业出版社，2001.

[137] 饶扬德. 企业经营绩效的熵权系数评价方法及其应用 [J]. 工业技术经济，2004（4）：100-102.

[138] 张献国，张学军. 基于熵权系数法的信息系统安全模糊风险评价 [J]. 内蒙古大学学报，2005（6）：111-115.

[139] 赵冬梅，张玉清，马建峰. 熵权系数法应用于网络安全的模糊风险评价 [J]. 计算机工程，2004（18）：21-23.

［140］何应龙，新兴技术企业产品预测、市场价值与特征研究［D］.成都：电子科技大学，2009.

［141］徐超，周宗放.中小企业联保贷款信用行为演化博弈仿真研究［J］.系统工程学报，2014，29（4）：477-486.

［142］周涛，程钧漠，乔忠.物流企业绩效评价体系及模糊综合评判［J］.物流技术，2002（9）：26-28.

［143］张文修，吴伟志，梁吉业.粗糙集理论与方法［M］.北京：科学出版社，2001.

［144］邓聚龙.灰色系统理论教程［M］.武汉：华中理工大学出版社，1990.

［145］刘思峰，郭天榜，党耀国.灰色系统理论及其应用［M］.北京：科学出版社，1999.

后　记

　　如前所述，目前我国高科技产业所拥有的新兴技术，虽然有一些是国内企业自主研发或者针对国内某些特殊需求而开发研制的，但更多的是从国外直接引进或者通过采用国外的先进技术进行加工或仿制的。这些新兴技术很多都不是世界范围内最先进的，因此，我国新兴技术项目的研发和产品市场具有非常广阔的空间。

　　本书探讨的对象是新兴技术研发的载体，即新兴技术项目和承担新兴技术项目的企业。本书所提及的新兴技术项目包括由国家财政全额或部分投资，由国家相关部委或地方主管部门或科技部门负责项目实施和管理的民用型自主创新类新兴技术项目，也包括由非国家财政投资的一般新兴技术项目。这些项目不仅具有引导科技发展的战略意义，而且通常具有可观的市场前景和商业价值。

　　由于新兴技术项目的技术特质和商业模式的特殊性，新兴技术项目在研发、生产、市场营销和管理等各个环节和整个实施过程中均面临较大的风险，这些风险正是影响新兴技术项目成败的关键要素。伴随着新兴技术产业的快速发展，新兴技术项目的风险管控问题已成为当前中国高新科技产业发展中面临的突出问题。

　　2014 年 9 月，国务院总理李克强在夏季达沃斯论坛上发出

"大众创业、万众创新"的号召，提出"创造新业绩、创造新水平"的"双创"方针。为了给"双创"营造良好的环境，一方面地方政府应设立创业基金、风险投资基金、战略投资基金，同时加强知识产权保护力度，保护、培育和发展第三方服务市场；另一方面，政府相关部门可在办公用房、网络、税收、融资、人才流动等方面给予政策上的优惠和支持。如何维护大众的创业激情？如何培育新兴技术项目市场？如何发展新兴技术项目背景下的实体经济？这些问题是当前"双创"背景下，政府、投融资机构、投资者、创业者共同面临的关键性问题。

"双创"的载体是具有创新技术特征的新兴技术项目和新兴技术项目企业，"双创"的业绩好坏依赖于新兴技术项目的成败，而新兴技术项目的风险又是影响新兴技术项目成败的关键要素。面对新兴技术项目风险的复杂性，政府、投资者和创业者如何才能够有效地识别新兴技术项目的风险？如何设计科学合理的新兴技术项目风险测度方法，并在此基础上实现"双创"的目标？解决这些问题即是本书的研究初衷和目的。

需要指出的是，新兴技术项目通常缺乏历史资料数据，而且新兴技术项目所面临的风险均难以准确地预测。

尽管本书针对新兴技术项目的风险特征提出了新兴技术项目的 CTMS 风险测度思想，并阐述了如何对 CTMS 风险进行测度，但没有对行业和规模进行细分，仅仅是抛砖引玉地提出了新兴技术项目 CTMS 风险测度的构架。当前，无论是理论上还是实际方法上，新兴技术项目的风险管理都面临着众多的挑战，这已成为世界性的难题，实现对新兴技术项目风险的有效管理还任重道远。